일이 인생을 단련한다

SHIGOTO TO KOKORO NO RYUGI
ⓒUichiroNiwa 2019
All rights reserved.

Original Japanese edition published by KODANSHA LTD.
Korean translation rights arranged with KODANSHA LTD.
through Tony International.

일이 인생을 단련한다

나를 단단하게 성장시키며 일하는 법

니와 우이치로 지음 · 김윤경 옮김

한국경제신문

일과 인생에 관한
현실적이고 명쾌한 시선

동원그룹 명예회장
김 재 철

이 책의 저자 니와 우이치로는 경영인이면서 외교관을 거쳐 정책
제안자, 사회평론가, 교육자 등 실로 다양한 역할을 하고 있는 현
역이다. 그는 지방대를 나와 이토추상사에 입사해 사장까지 역임
한 입지전적 경영자로, 직장인으로서 그의 삶은 실로 드라마틱하
다. 미국 주재 상사원이던 시절 회사에 큰 손해를 끼쳐 자책감에 사
의를 표했지만 주위의 만류로 회사에 그대로 남는다. 그러나 그가
실수를 하게 된 원인이 신문 기사만 믿고 현장 확인을 하지 않은 데
있다는 사실을 알고는 그 후론 매사에 철저하게 현장 확인부터 했
으며, 마침내 회사에 손실 이상의 공헌을 하게 됐다. 사장이 된 뒤
에도 그의 '사실 확인' 습관은 지속되어 뛰어난 통찰력으로 회사를
경영해나갔다.

그는 사장이 되자마자 회사에 감춰진 모든 부실을 대내외에 공개
했고 개혁을 단행하며 회사가 정상화될 때까지 월급을 받지 않았

다. 또한 사장용 의전 차량도 이용하지 않고 전차로 출퇴근하며, 매주 주말엔 젊은 사원들과 온종일 회사의 현실을 이야기하고 장래를 토론하면서 회사 개혁에 매진했다. 그 결과 이토추상사의 실적은 급격히 회복됐으며 내부 개혁뿐 아니라 훼미리마트(Family Mart)와 같은 큼직한 회사들을 인수합병(M&A)하여 일본의 일류 종합상사로서 기반을 크게 다졌다.

사장 자리에서 물러난 후에는 일본 정부의 자문역을 맡아 일했고, 민간인으로서는 처음으로 주중 일본대사라는 중책을 훌륭히 수행하기도 했다. 현직에서 물러난 후에도 1년에 100여 회 강연과 10여 권의 저술 활동을 하며 대중과 소통하고 세상에 진실을 전하는 데 진력하고 있다.

그의 글은 항상 사실을 기초로 하고, 정보와 자료가 뒷받침되어 있어 명쾌하고 이해하기도 쉽다. 그래서 그는 많은 독자층을 거느린 저자이기도 하다. 지금도 그는 끊임없이 독서하고 사색하며 자신의 생각을 외부로 발신하고 있다. 이제 그를 경영인 저널리스트라고 불러도 될 것 같다.

《일이 인생을 단련한다》는 그가 살아오면서 실천한 것들을 가감 없이 쓴 글이며, '사람들은 왜 일을 하는가?', '인간으로서 성장하기 위해 일을 한다'라고 명쾌한 결론을 내는 그 과정이 퍽 현실적이어서 많은 직장인에게 도움이 될 것이라고 믿는다.

성장에는
세 가지 단련이
필요하다

이 책은 일하는 모든 이에게 보내는 나의 응원이다. 무엇보다 앞으로 세상의 중심이 될 젊은이들이 일을 통해 얻을 수 있는 인생의 희로애락, 그중에서도 다양한 기쁨을 알았으면 하는 간절한 마음으로 썼다.

신입사원 시절에는 사소한 업무밖에 맡지 못해 불만스럽기도 하고, 때로는 실수를 저질러 의기소침해지기도 할 것이다. 심지어는 '확 때려치울까' 하는 생각이 울컥 치밀어 오를 때도 있을 것이다. 하지만 그럴 때일수록 도망치지 말고 '내가 질까 보냐!' 하면서 이를 악물고 노력하기 바란다. 그러다 보면 차츰 더 중요한 업무를 맡게 되고, 일을 해냈을 때의 엄청난 희열도 맛볼 수 있다. 현재의 자신을 보면 '나에게도 그런 날이 올까' 싶을지도 모르지만, 인내하며 힘을 내기 바란다. 함께하는 동료가 많을수록 기쁨이 한층 커진다는 사실도 기억하기 바란다.

선배나 상사 중에는 '유능하면서도 자상한 사람이구나' 하는 생각이 들게 하는 사람이 있는가 하면, '바쁜 사람 붙잡고 왜 하나 마나 한 소리를 늘어놓는 거야' 하고 짜증이 솟구치게 하는 사람도 있다. 존경할 만한 사람을 만날 기회는 그리 많지 않다. 그렇기에 더더욱 그런 사람을 만나거든 성장하는 데 본보기로 삼길 바란다. 나도 존경하는 선배와 상사에게 매우 큰 영향을 받았고, 그들의 행동과 사고를 본받기 위해 노력했다.

그리고 부하가 있는 사람은 자신보다 부하와 회사를 우선해야 하는 경우가 많다. 부하의 '마음' 교육은 상사의 가장 중요한 의무 중 하나다. 인도의 종교적·정치적 지도자인 마하트마 간디는 인간이 성장하려면 육체의 단련, 지식의 단련, 마음의 단련이 필요하다고 강조했다. 이 세 가지 중에서 가장 어려운 것이 마음의 단련이다. 그 어려움은 고대 그리스의 철학자 아리스토텔레스가 고민했던 문제이기도 하다. 아리스토텔레스는 나중에 마케도니아 국왕이 된 알렉산드로스의 어린 시절 교육을 맡았을 때 그 점을 가장 고민했다고 한다. 안타깝게도, 그로부터 2,400년이나 지났지만 우리는 아직도 뚜렷한 해법을 찾지 못했다.

인간은 약간만 방심하면 나쁜 마음이 비어져 나와 윤리에서 벗어난 행동을 한다. 오늘날 기업에서 심심찮게 일어나는 부정과 비리를 봐도 확실히 알 수 있다. 그렇기에 리더는 부하에 대한 마음 교육을 더욱더 철저히 해야 한다. 동시에 자신도 깊고 넓은 교양을 끊임없이 쌓으면서 마음을 더욱 성장시켜야 한다.

또 하나, 나는 당신이 자부심을 갖고 일하길 바란다. 온 힘을 다해 일하고, 다른 사람이나 책을 통해 겸허히 배우며, 타인과 사회를 위해 노력해야만 진정한 자부심을 얻게 된다. 노력 없는 자부심은 그저 오만일 뿐이다.

또한 그런 노력이 있기에 비로소 자유가 있고 평등이 있으며 권리와 권한도 있는 것이다. 자유롭게 일을 선택할 권리와 평등하게 기회를 얻을 권리 그리고 직무상의 권한까지, 노력하지 않으면 모두 빼앗기고 만다. 노력하지 않으면 일의 진정한 즐거움도 맛볼 수 없거니와 꿈과 목표를 달성할 수도 없다. 돈도 들어오지 않는다. 뒤집어 말하면, 지금의 상황에 불만이 있더라도 노력을 계속하면 얼마든지 바꿀 수 있다는 뜻이다. 절대 포기해서는 안 된다. 나는 "사람은 죽을 때까지 노력해야 합니다"라고 입버릇처럼 이야기한다. 시작은 있지만 끝이 없는 것, 그것이 바로 노력이다.

나는 머릿속에 떠오르는 생각을 거침없이 말하는 성격이라서 어쩌면 이 책에도 당신이 썩 달가워하지 않을 이야기가 있을지도 모른다. 그 가운데 조금이라도 당신의 마음을 움직이는 이야기가 있어서 행동의 변화를 이끈다면 저자로서 더없이 기쁠 것이다.

일이 인생을 단련한다

차례

추천의 글: 일과 인생에 관한 현실적이고 명쾌한 시선 __004
김재철(동원그룹 명예회장)

프롤로그: 성장에는 세 가지 단련이 필요하다 —006

1장
어떻게 일하며 성장할 것인가

절체절명의 상황에서도 노력을 계속하라 __017
자신의 능력을 넘어서라 __024
강인한 마음과 평상심을 길러라 __028
상식과 이해력을 갖춰라 __032
작은 실수를 많이 하라 __037
비관적으로 생각하고 낙관적으로 행동하라 __042
문제가 많을 때는 오히려 기뻐하라 __046

2장
일과 인생
일을 통한 인간적 성장을 추구하라

인간은 무엇을 위해 일하는가 __ 055
돈만 좇아 일하는 사람은 프로가 될 수 없다 __ 061
자신의 머리로 생각하고 스스로 행동하라 __ 065
꿈과 목표는 일 속에서 키워가라 __ 072
개미에서 잠자리로, 그리고 인간으로 __ 076
능력이나 적성보다 노력이 핵심이다 __ 082
마음을 비우고 노력을 계속하라 __ 086
남 탓 증후군에서 빠져나와라 __ 092
열정이 사람을 움직이고 돈도 움직인다 __ 099
비정규직이라고 모두 불행한 것은 아니다 __ 106
젊을 때는 무모해도 좋다 __ 111

3장
상사와 부하
끝까지 함께하겠다는 생각으로 일하라

함께 일하고 싶은 사람이 돼라 __ 121
부하의 생활 이력을 기억해둬라 __ 127
인간으로서 마주할 수 있는 최대 인원수를 찾아라 __ 132

인정하고, 맡기고, 때맞춰 칭찬하라 __ 137

능력은 타인이 평가하는 법이다 __ 143

부하 직원의 무기력은 상사의 책임이다 __ 148

약한 사람을 괴롭히지 마라 __ 153

꾸짖을 때는 TPO를 생각하라 __ 159

술자리 커뮤니케이션을 활용하라 __ 165

싫은 상사가 있다면 반면교사로 삼아라 __ 169

자신의 이익보다 조직을 우선하는 사람이 리더다 __ 173

4장
조직과 개인
조직 이상으로 인간이 중요하다

신뢰, 쌓기는 어려워도 무너지는 건 한순간이다 __ 181

거짓말을 하면 제 발이 저린다 __ 188

'동물의 피'를 제어할 이성을 갖춰라 __ 192

양심에 충실하게 살아야 나도 회사도 구한다 __ 196

분위기를 살피되 눈치는 보지 마라 __ 203

깨끗하게, 올바르게, 아름답게 __ 208

썩은 사과는 되살릴 수 없다 __ 214

실제 손실은 예상보다 3배나 커진다 __ 221

사람은 3년 권력을 쥐면 바보가 된다 __ 228

5장
노력과 기회
나를 지배하는 것은 나 자신밖에 없다

노력의 차이는 '2:6:2의 법칙'으로 나타난다 __ 237
벼랑 끝에 섰다는 위기의식을 가져라 __ 241
국내를 벗어나 글로벌 무대에서 경쟁하라 __ 247
출퇴근 전철을 독서 공간으로 삼아라 __ 254
책을 읽을 때는 몸 전체를 사용하라 __ 259
공부하지 않으면 기회를 잡을 수 없다 __ 263
이익의 근원이 어디에 있는지를 항상 생각하라 __ 269
수비와 공격을 동시에 하라 __ 273
AI가 인간을 대체할 수 있을까 __ 280

에필로그: 한 발 앞으로! __ 284
옮긴이의 글: 인생 조언, 그 이상의 진심 __ 288

1장

어떻게 일하며
성장할 것인가

절체절명의 상황에서도
노력을 계속하라

절망적인 순간이나 혼란에 빠진 상황 또는 절체절명의 위기는 누구나 피하고 싶어 한다. 하지만 불가피하게도, 기나긴 인생을 사는 동안 누구나 위기를 맞게 된다. 신입사원이든 중견사원이든 고위 임원이든, 저마다 위기를 어떻게 마주하고 헤쳐나가는지를 시험당한다. 그러므로 가장 중요한 것은 역경에 부딪혔을 때 이를 극복하고자 노력할 수 있느냐 아니냐다.

내가 이런 실감을 한 것은 30대 중반 무렵이었다. 나는 이토추상사伊藤忠商社에 입사한 후 줄곧 식료 부문에서 일했다. 유지부油脂部에 배속되어 콩의 거래를 담당했으며 입사 6년 차부터 미국 지사에서 근무했다. 콩은 음식 재료로서만이 아니라 기름을 짜거나 가축 사료로 사용하는 데에도 수요가 있다. 당시 이토추상사는 미국에서 대량의 콩을 수입하고 있었는데 거래량이 업계 1, 2위를 다투었다. 특히 뉴욕 지사에서는 내가 담당하는 콩이 유럽 각국을 포함한 전체 매출의 약 4분의 1을 차지했기 때문에 나는 한껏 자부심을 가지고 일했다.

그런데 뉴욕 지사에서 근무한 지 5~6년쯤 됐을 무렵, 곡물의 선물거래(미래 일정 시점에 미리 정한 가격으로 매매할 것을 현재 시점에서 약정하는 거래-옮긴이)에서 큰 손실을 봤다. 그해에는 심각한 가뭄이 이어졌는데 곡물이 시들고 땅이 갈라져서 황폐해진 밭 사진이 〈뉴욕타임스〉 1면에 크게 실렸다. 그 기사를 본 나는 콩 가격이 크게 오를 것으로 확신하고 더 많이 사들였다. 그런데 날씨가 급변하더니 비가 내리기 시작하는 게 아닌가. 농가에는 더할 나위 없는 축복이었지만 나로선 기뻐할 수만은 없는 상황이었다. 그래도 콩이 쑥쑥 자라기에는 이미 계절을 놓친 셈이니 '설마 풍작은 되지 않겠지' 하고 대수롭지 않게 여겼다.

하지만 농작물은 생각보다 강인했다. 한차례 비가 내리자 죽어가던 콩이 대단한 기세로 되살아났다. 미국 농무부는 '올해는 대풍작이 될 것'이라는 예측을 내놓았고, 그에 반응하여 콩 시세는 오름세에서 반전하여 단박에 폭락했다. 나는 장부상으로 500만 달러 가까운 손실을 보고 말았다. 당시는 1달러가 308엔이었으니 무려 15억 엔이 넘는 돈이다. 당시 회사의 당기순이익, 즉 세금공제 후 순이익과 맞먹는 금액이었다. 아무리 관대한 회사라 할지라도 그렇게 막대한 손실을 초래한 이상 그냥 넘어갈 리 없었다. 게다가 나로서는 그때까지 열심히 공부했고 선물거래 경험도 쌓아 자신감이 붙었던 때였기에 이루 말할 수 없는 좌절감에 빠졌다.

하지만 지금 되돌아보면 그 무렵의 나는 아직 공부도, 경험도 부족했다. 농업에 관한 충분한 지식이 없었던 탓에 아무리 심한 가뭄이어도 비가 한차례 쏟아지면 상황이 뒤집힐 수 있다는 걸 미처 생각하지 못했던 것이다. 젊은 혈기의 소치라기보다는 경험 부족이었고 모든 면에서 낙제점이었다. '어떻게든 돈을 버는 거야. 천재일우의 기회야!' 하고 의욕만 앞서서, 현장 조사도 제대로 하지 않고 무작정 밀어붙였던 것이다. 보통 30대 중반이 되면 중대한 일을 맡기 시작하는데, 이 시기에 이런 함정에 빠지기 쉽다.

'회사에서 잘릴지도 몰라. 아니, 그전에 자진해서 사표를 내는 게 옳지 않을까.' 나는 심각하게 고민했다. '신이시여, 절 좀 도와주소서!' 참으로 절박한 심경이었다.

바로 그때, 도쿄 식료 부문에서 근무할 때 나의 상사였던 쓰쓰이 유이치로가 이렇게 조언했다.

"하나도 숨기지 말고 전부 회사에 보고하게."

그는 자칫 잘못하다가는 회사가 망할 수도 있는 중대한 갈림길에서 내가 갖고 있는 정보를 바탕으로 함께 고심하고 의논해주었다. "자네가 해고된다면 그전에 내가 먼저 그만두겠네"라며 눈물이 날 만큼 격려의 말을 해주었고, 본사에서 쏟아지는 질책을 나서서 받아주었다. 나는 그가 조언한 대로 일의 경위를 포함해 하나도 숨김없이 회사에 보고했다.

그 무렵 이토추상사의 6대 사장으로 도자키 세이키가 취임했고, 취임 축하 파티가 뉴욕에서 열려 나도 참석했다.

"니와라는 직원 있지요? 잠깐 불러주세요."

나는 호출을 받고 사장 앞으로 갔다.

아직 직급이 낮은 내가 직접 사장에게 불려가 이야기를 나누고 있다는 걸 안 주위 사람들은 모두 놀라는 눈치였다.

"우와! 사장님이 직접 호출해 이야길 나눌 만큼 실력 있는 친구였어?"

하지만 실력이 있어 불려간 게 아니라 질책을 당하는 자리였다.

"당신이 니와입니까? 그 엄청난 손실은 아직 그대로 갖고 있습니까?"

"네. 그렇습니다."

"언제까지 갖고 있을 생각인가요?"

"조금만 더 기다려주십시오."

나는 도자키 사장과 이런 대화를 나누었다. 이 사실이 알려지자 주위 사람들은 손바닥 뒤집듯이 싹 태도를 바꾸며 쑥덕거렸고 갑자기 서먹서먹하게 구는 사람도 있었다. '니와는 이제 끝났군' 하는 분위기였다.

출근만 하면 바늘방석이 따로 없었다. 인간의 비정함

을 태어나서 처음으로 맛봤다. 그래도 회사에 일절 거짓말을 하지 않았기에 담담할 수 있었고, 예전 상사가 진심으로 마음의 의지가 되어준 덕에 의외로 꿋꿋하게 지낼 수 있었다. 지금 떠올려봐도 그때 쓰쓰이의 말은 눈물이 날 만큼 마음에 새겨져 이후 이토추상사와 함께 걸어온 내 인생에서 가장 소중한 보배가 됐다.

그의 격려에 힘입어 나는 그때부터 필사적으로 정보를 수집했다. '가뭄으로 인한 대흉작'이라는 예측은 빗나갔지만, 콩 수확기에 다시 한번 날씨 문제가 생길지도 모른다. 아직 서류상 손실일 뿐 실제 거래 시점이 오기 전에 만회할 기회가 있을 테니 온 힘을 다해 노력해보자고 각오를 다졌다.

직접 차를 운전해 몇 번이고 생산지를 오가면서 현황을 파악했고, 민간 일기예보회사와 계약을 맺고 정보를 수집하여 미국 기상청 자료와 함께 분석했다. 이렇게 꾸준히 노력을 거듭하는 동안, 초가을에 이른 서리가 내릴 것이라는 매우 정확도 높은 정보를 얻었다. 나는 거기에 모든 것을 걸었다. 이윽고 정말로 거센 한파가 닥쳐 콩의 시세가 급등했고, 하루에 1억 엔씩 회수해서 손실을 만회하고도 약간의 이익까지 낼 수 있었다.

반년 정도의 짧은 기간에 일어난 일이었지만 이때의 체험은 내게 커다란 전환의 계기가 됐다. 역경에 부딪혔을 때라도 '이까짓 일에 지지 않겠다!' 하는 마음으로 죽을힘을 다해 노력하면 어떤 형태로든 반드시 보상받는다는 걸 알게 된 것이다. 아무리 힘들어도 절대로 포기해서는 안 된다, 노력을 게을리해서는 안 된다는 믿음이 생겼다.

도저히 되돌릴 수 없는 상황에 처했을 때 '난 이제 끝났어'라고 포기하고는 홧술만 마신다면 그땐 정말로 끝이다. 힘겨운 때일수록 하늘이 준 기회라고 생각하고 기를 써서 노력하면 반드시 길은 열린다. 적어도 그렇게 믿고 최선을 다할 때 인간은 단련되고 강해진다.

자신의 능력을
넘어서라

미국에서 콩의 시세 변동으로 떠안았던 손실을 단번에 만회했을 때, 나는 인간의 능력을 넘어선 '초월적 힘'의 존재가 아니고서는 이 현상을 설명할 수 없다고 생각했다. 여기서 말하는 '초월적 힘'은 신이라는 의미가 아니다. '인간의 능력을 초월한 무언가'를 말한다.

막대한 손실을 어떻게든 만회하려고 온 힘을 다하는 나의 모습을 누군가가 보고 있었기에 내 능력을 넘어선 힘이 작동한 것이 아닐까. 그렇게 생각하는 편이 기분도 좋고 이해도 된다. 물론 필사적으로 모은 정보를 객관적으로 분석한 결과 손실을 만회할 수 있었다거나, 단순히 운이 좋았다고 말할 수도 있을 것이다. 하지만 그것은 결과론에 지나지 않는다. 학교 공부와 달리 선물거래 시장에서는 노력과 공부의 성과가 현실에서 그대로 나타나는 경우가 드물다. 심지어 열심히 노력했지만 큰 손실을 보기도 한다. 그러니 막대한 손실을 떠안고 퇴사를 고민할 만큼 쓰라린 역경을 맛보면서도 더 한층 힘을 낼 수 있었던 것은 자신을 잊고 노력을 계속하게 해준 주위 사람들 덕분이라고 생각하며 고마워하는 게 당연하다. 누군가가 자신을 보고 있다고 생각하면 새로운 힘이 솟아난다. 상사, 동료, 부하, 거래처, 친구, 가족 등 누군가가 지켜보고 있다고 생각하면 당신도 버텨낼 수 있지 않을까.

그렇게 매일 노력을 이어가면 어느 순간 '지금까지와 다르게 일이 수월해졌어. 일이란 게 뭔지 이제 알 것 같아!' 하고 느끼게 된다. 수험생이라면 오랫동안 막혔던 문제를 술술 풀게 된 순간이라고 할 수 있을 것이다.

나는 이것을 'DNA 램프가 반짝 켜진다'라고 표현한다. 왜 내가 그렇게 생각하게 됐는지는 2장에서 자세히 밝히겠지만, 요령을 알게 됐거나 한 단계 성큼 올라갔거나 마음이 강해진 상태라고 표현할 수도 있다. 어떤 표현이든 '자신의 능력이 훌쩍 향상됐을 때'를 가리킨다.

나도 마찬가지였다. 콩 시세의 변동으로 막대한 손실을 보기는 했지만, 수확기의 기후가 어떻게 될지를 철저히 조사한 끝에 이른 서리가 내릴 거라는 확신을 갖게 됐다. 그저 위기 앞에서 느낀 직감이 아니다. DNA 램프가 켜졌다고나 할까. 불안하기는 했지만 분명히 그렇게 될 거라는 생각이 아주 강하게 들었다.

DNA 램프가 켜지는 순간에는 살아갈 힘이 붙는다. 이렇게 하면 일이 잘될 거라든가 이런 방법으로 하면 져도 후회가 없겠다고 느끼게 된다. 자기 일에 대한 마음가짐이 달라지고 일이 즐거워진다. 그 자리에 만족하지 않고 노력을 계속하면, 또 다음 램프가 켜질 것이다. 지금보다도 훨씬 중대한 일을 하거나 중요한 결단을 내릴 수 있게 된다. DNA 램프가 '번쩍' 하고 켜질 때 초월적 힘이 작용한다.

DNA 램프가 켜지게 하려면 10분이든 20분이든 매일 꾸준히 노력하는 것이 중요하다. 언제까지 그래야 할까? 살아 있는 한, 계속해야 한다.

하루라도 노력을 게을리하면 모처럼 켜진 램프가 훅 꺼지고 두 번 다시는 켜지지 않기 때문이다. 인간은 나약한 생물이므로 '지금은 피곤하니까 내일 오늘 것까지 하지 뭐' 하면서 갖가지 구실을 들어 게으름을 피우기 쉽다. 그러다가 마침내는 노력을 포기하게 돼, 자신 안에 잠재해 있는 능력이 꽃을 피워보지도 못한 채 사그라지고 만다. 너무도 아까운 일 아닌가. 매일 노력하는데도 전혀 램프가 켜지지 않는 사람이라면, 정말로 매일 노력을 계속하고 있는지 자신에게 물어보자. 노력의 성과는 객관적인 수치로는 측정할 수 없으므로, 나름대로 최선을 다하고 있다는 확신이 들 때까지 노력을 멈추어서는 안 된다.

강인한 마음과
평상심을 길러라

일본 장기의 대가로 불리는 하부 요시하루와 대담을 한 적이 있다.

"평상심을 유지하기 위해 특히 명심하시는 게 있습니까?"

내 질문에 그는 이렇게 답했다.

"열심히 최선을 다하자는 것입니다. 이제 더는 할 수 없을 정도까지 연습하면 본 대결에서는 담대해지거든요."

예전에 네 번이나 우승을 차지한 교토대학 미식축구부에서 당시 감독을 맡았던 미즈노 야이치도 같은 취지의 말을 했다.

"스포츠 선수는 이 이상은 불가능하다고 생각할 정도로 연습을 거듭했을 때 평상심을 지니고 시합에 임할 수 있습니다. 더는 할 수 없을 만큼 연습했기 때문에 시합 당일에 초조하거나 불안하지 않아요. 승패를 넘어선 강인한 마음이 버팀목이 되는 겁니다."

나도 두 사람의 말에 깊이 공감한다. 상대가 강하든 약하든 관계없다. 자신이 더는 할 수 없을 정도로 최선을 다해 연습하고, 공부하고, 단련해왔다는 자신감이 있으면 '지금의 실력을 그대로 보여주면 되는 거다. 이기든 지든 미련은 없다' 하는 마음이 된다. 다시 말해, 자신이 할 수 있는 최선을 다하고 하늘의 뜻을 기다리는 심경이다.

이런 심경이 됐을 때의 인간은 강하다. 자신이 할 수 있는 일을 평소대로 하면 된다고 생각하기에 마음이 안정돼 실력을 발휘할 수 있다. 이것이 바로 '평상심'이다.

반면 '그걸 했더라면 좋았을걸' 또는 '왜 이걸 하지 않았을까' 하고 반성하는 사람, 최선을 다하지 못했다고 아쉬워하는 사람은 시합에 나가면 상대가 굉장히 강해

보여 압도되고 만다. 학생이라면 시험장에 들어섰을 때 주위 학생들이 모두 자신보다 우수해 보여 기가 죽는다. '큰일 났다! 조금 더 열심히 할걸. 왜 제대로 하지 않았을까!' 하고 불안해진다. 이 시점에서 이미 정신적으로 진 것이다. 시합이나 시험 직전이 되어서야 반성과 불안이 스쳐 지나간다면 패배는 이미 결정 난 것이나 다름없다. 상대가 아니라 자신에게 졌기 때문이다.

올림픽이나 고교야구를 보더라도 승자와 패자를 나누는 요인은 결국 '강인한 마음'과 '평상심'이라는 걸 자주 느낀다. 고수들의 경기에서 기술은 별반 차이가 없다. 마음가짐에 따라 승패가 갈리는 것이다.

하지만 이 세상에는 마음을 강하게 해주는 약 같은 건 없다. 그런 약이 있다면 누구나 벌써 먹었을 것이다. 착실하게 매일매일 자기 나름대로 최선을 다해 노력하는 수밖에 없다.

어떻게 해야 마음이 강해지느냐 하는 문제는 모습이나 형태로는 나타나지 않는 상당히 정신적인 개념이다. 마음은 눈에 보이지 않으니 말이다. 철저히 마음을 단련한 사람은 '이만큼 노력해왔으니까' 하는 자부심이 저력이 되어 경쟁 상대보다 정신적으로 우위에 설 수 있다.

　비즈니스 세계도 마찬가지다. 나는 미국 주재원 시절에 주말도, 밤낮도 없이 일한 적이 있다. 거래 상대와 시차가 있어서 이른 아침부터는 유럽과 교신하며 업무를 보고, 밤이 되면 일본을 상대로 일했다. 그 결과 '업무량에서는 누구에게도 지지 않는다. 머리가 아니라 몸으로 승부하고 있다. 나와 똑같이 할 수 있다면 어디 해봐라' 하고 말할 수 있을 정도로 자부심을 갖게 됐다. 그런 경험은 절대로 헛되지 않으며, 그대로 자신의 재산이 된다.

　신입사원이라면 우선은 겸허하게 모든 것을 흡수하겠다는 마음으로 노력해야 한다. 그렇게 10년쯤 지나면 '나는 이만큼 최선을 다해왔다. 잘 되지 않는다고 해도 할 수 없다. 이것이 내 능력이다'라고 생각할 수 있다. 그때는 주위로부터 아무리 이런저런 말을 듣게 되더라도 당황하지 않고 자신의 신념에 따라 행동할 수 있다.

상식과 이해력을
갖춰라

최근 스포츠계의 '권력형 갑질' 문제가 주목받고 있다. 초등학교나 중·고등학교의 동아리 활동에서도 일어나는 보편적인 문제로, 일본 스포츠 교육의 과제가 드러났다고도 할 수 있다.

스포츠에서는 정신력을 단련하는 것이 정말 중요하다. 평상시 육체만 단련해서는 시합에서 이길 수 없다. 앞서도 말했듯이, 시합에 임해서도 평상심을 지니고 자신의 능력을 최대한 끌어내면 된다고 생각할 수 있느냐 아니냐가 중요하다.

미국 프로야구 메이저리그에서 오랜 세월 활약한 스

즈키 이치로 선수나 동계올림픽 2연패를 달성한 피겨스케이팅의 하뉴 유즈루 선수는 매일매일 고된 연습을 계속했을 것이다. 그런데 그 이상으로 철학적 가르침, 즉 어떤 일을 사고하는 힘을 훌륭한 지도자나 선배, 부모에게 얻었음이 분명하다. 오늘날의 권력 횡포 문제를 보면 이처럼 정신력을 길러주는 역할을 스포츠가 전혀 하지 못한다고 느끼게 된다.

문제의 근원은 문무文武, 즉 학업과 운동이 함께 이뤄지지 않는다는 데 있다. 최근 분위기를 보면 스포츠에 재능 있는 학생은 학문을 소홀히 하기 쉬운 데다가 심지어 그런 현상을 사회적으로도 용인하는 것처럼 여겨진다. 중·고등학교의 동아리 활동이나 연습이 주말에도 실시되는 일이 많다고 하는데, 그렇다면 공부는 언제 하는 걸까.

평창 동계올림픽에서 메달을 획득한 어떤 선수는 대학 수업을 대부분 빼먹고도 졸업했다는 기사를 읽었다. 유럽과 미국에서는 절대 있을 수 없는 일이다. 미국에서는 스포츠 선수라도 학생이 수업을 모두 들어야 하기 때문에 수업 후 두 시간 동안 집중해서 연습을 한다고 한다. 그렇게 해서 실력을 갖춰야 비로소 주위의 존경을 받는 것이다. '무武'뿐만이 아니라 '문文'도 단련해야 진정한 스포츠다.

또한 스포츠계에서는 당연한 듯이 엄격한 상하 관계를 강요한다는 것도 문제가 된다. 앞서 소개한 미즈노 야이치가 감독이었을 무렵, 교토대 미식축구부에서는 운동장 제초작업이나 롤러로 땅을 고르는 일 같은 궂은 일을 4학년이 도맡아 했다고 한다. 이제 막 들어온 1학년 학생이 미식축구를 좋아하고 경기를 즐길 수 있는 환경을 만들기 위해서다. 그렇게 했기에 네 번이나 전국 우승을 차지한 것이다. 또한 부원에게는 정해진 수업단위의 학점을 반드시 취득하게 했다. 학문과 무예를 겸비하게 하려는 제도다. 국립대이므로 단위 취득에 특혜가 없어 유급하는 선수도 많았다고 한다.

문무를 갖춘다고 해서 단순히 성적만 좋으면 된다는 뜻은 아니다. 스포츠계의 권력형 갑질 문제가 세상을 시끄럽게 하던 시기에 재무성에서는 사무차관이 성추행 문제로 경질됐고, 문부과학성에서는 사무차관과 초·중등 교육국장들이 일련의 문부과학성 비리 사건과 관련 있는 회사로부터 접대를 받은 일로 처벌을 받았다. 어려운 국가고시를 통과한 엘리트 관료들이지만 진정한 의미에서의 '인성'이 부족했기에 벌어진 일이다.

권력을 지닌 인물 앞에서 사람들은 잘 보이려고 애쓰기 마련이다. 그런 행위를 자신이 좋을 대로 해석하여 불미스러운 일을 저지르는 것은 인간으로서의 공부가 부족하기 때문이다. 스포츠에서 신체를 단련하는 것과 공부해서 높은 성적을 얻는 것 중 어느 한 가지만으로는 균형을 이룰 수 없다. 스포츠계의 권력 횡포 문제나 엘리트 관료의 부정·비리를 살펴보면, 한정된 인간관계와 좁은 환경 안에서만 생활하는 사람들의 인성 부족과 편협한 사고가 근원에 자리하고 있음이 드러난다. 내가 젊은이들에게 공부하라고 하는 것은 인성을 갖춰 넓은 시야를 갖길 바라는 마음에서다. 여기서 말하는 공부는 사람들과의 교제와 독서도 포함한다. 특히 독서를 통해 일상에서 만나지 못하는 다양한 사람과 교류하는 경험은 마음을 성장시키는 데 중요한 역할을 한다.

상식과 이해력도 공부를 통해 얻을 수 있다. 상식과 이해력이 있으면 감독이나 코치에게 불합리한 명령을 받을 때 무조건 따르지 않게 된다. 비즈니스에서도 마찬가지다. 말의 이면에 있는 진의를 통찰하여 상사의 불합리한 말에 현명하게 대처할 수 있다.

경영자 가운데는 "이 일을 제대로 처리하지 못하면 좌천될 줄 알아!", "급여를 삭감하겠어" 등 직원을 협박하고 공포에 빠뜨려서 자기 말을 따르게 하려는 사람도 있다. 상식을 갖춘 사람이라면 '저 사람을 반면교사로 삼자' 하는 마음으로 냉정하게 대응할 것이다. 또한 "어떻게 해서든 돈을 벌어 와!" 하고 난폭하게 말하는 상사도 있을 것이다. 이해력이 있는 부하라면 '그냥 말이 그렇겠지. 그 정도로 열심히 하라는 뜻일 거야' 하고 진의를 꿰뚫어 볼 것이다. 물론 쉬운 일은 아니지만, 상식과 이해력을 갖추도록 꾸준히 노력하는 자세가 중요하다.

상식과 이해력이 없으면 마치 조련받는 동물처럼 지시받은 대로만 움직이게 된다. 그러다 보면 "도둑질을 해서라도 돈을 벌어 와!"라는 상사의 말에도 아무 의식 없이 그대로 따르게 될지 모른다. 최고경영자나 조직의 리더는 이런 상황까지 헤아려 "남에게 신용을 잃는 일만은 절대로 하면 안 된다"라고 거듭 강조해야 한다.

작은 실수를
많이 하라

'하인리히의 법칙'에 대해 들어본 적이 있을 것이다. 하나의 중대한 사고가 발생하기까지는 약 30가지의 사소한 사고가 일어나며, 그 배후에는 그 10배인 300번 정도의 위험하고 소소한 실패나 이상 징후가 있다는 법칙이다. 주변에서 자주 일어나는 '뭔가 이상한걸?' 하고 생각되는 일을 그냥 지나치면, 나중에는 중대한 사고로 이어진다는 의미다.

　하지만 사람들은 대부분 사소한 일에는 그다지 주의를 기울이지 않는다. '나만 그렇게 느끼는 거겠지' 또는 '아주 하찮은 실수인데, 뭘' 하고 대수롭지 않게 여긴다.

그러면서 윗선에 보고도 하지 않기 때문에 표면으로 드러나지 않을뿐더러 본인도 금세 잊고 만다.

중대한 사고의 이면에 숨겨져 있는, 수많은 사람이 쌓고 쌓은 300개의 작은 징후를 매번 중요한 실수로 인식하고 보고하기란 말처럼 쉬운 일이 아니다. 하지만 모든 일은 생각하기 나름이다. 사소한 실수나 문제가 자주 일어난다는 걸 알게 되면 모두가 항상 긴장을 늦추지 않고 일에 임할 것이기에 빈틈이 생기지 않는다. '사소한 실수가 있을 때마다 반성하고 개선해나가면 큰 사고를 막을 수 있으니 작은 실수는 많이 하는 편이 좋다'라고 생각할 수 있는 것이다. 일에서도 중대한 실수를 방지하는 가장 좋은 방법은 작은 실수를 계속하는 것이다.

이때 반드시 명심해야 할 사항이 있다. 일이 잘못됐을 때는 바로 상사에게 솔직히 보고해야 한다는 것이다. 보고를 하면 당장은 질책을 당해 의기소침해지겠지만 '중대한 사고를 막았다'라고 생각하면 된다. 사소한 실수나 잘못은 쉽게 해결할 수 있다. 실수 자체를 반성하면 언제까지나 끙끙대며 고민할 필요가 없다. 다만 같은 실수를 여러 번 되풀이해서는 안 된다. 상사로선 '왜 실수를 되돌아보고 반성하지 않는 걸까. 중요한 일은 맡기기 어렵겠군' 하는 생각이 들 것이기 때문이다.

젊을 때는 누구나 실수하고 시행착오를 겪으면서 상사에게 꾸지람을 듣기 마련이다. 특히 신입사원 시절에는 아무것도 모르기 때문에 실수투성이인 것이 당연하다. 나 역시 여러 번 야단을 맞곤 했다.

더구나 회사라는 조직은 신입사원이 실수를 저지르리라는 것쯤은 어느 정도 예상하고 있다. 상사들은 '이제 슬슬 이 친구도 실수 한번 하겠는걸' 하며 지켜본다. 어느 시기가 되면 그동안 쌓인 피로가 어떤 형태로든 일에 영향을 미치리라는 것, 또는 일에 웬만큼 익숙해져 슬쩍 요령을 피우기 시작하리라는 것을 대략 짐작할 수 있다. 자신들도 다 겪어온 과정이고 지금까지 다른 부하들도 마찬가지였기 때문에 소소한 실수에 대처하는 방법도 어느 정도 파악하고 있다. 그런데도 당장 질책받을 일이 두려워 소소한 실수를 감추는 신입사원이 종종 있고, 이는 여간해서는 되돌릴 수 없는 큰 사고로 이어지기도 한다.

내 경험상 우수한 사람일수록 실수를 감추려는 경향

이 있는 듯하다. 학교에서는 늘 좋은 성적을 냈고 입사 후에도 실수 없이 일을 잘해온 사람은 스스로도 그렇고 주위 사람들도 우수하다고 평가하기 때문에 행여 사소한 실수라도 하면 본인의 자존심이 허락하지 않는 것이다. 주위 사람들에게 "당신도 별수 없구나" 하는 말을 듣고 싶지 않아서 잘못이나 실수를 필사적으로 감추려 든다.

하지만 아무리 우수하다 해도 사람인 이상 누구나 실수를 한다. 인간은 잘못을 저지르는 동물이므로 절대로 실수하지 않을 순 없다. 본인은 '잠자코 있으면 계속 우등생으로 살아갈 수 있을 거야'라고 생각할지 모르지만 애초에 그 사고부터가 잘못된 것이다. 사소한 실수나 잘못을 감추다가는 자신이 신뢰를 잃을 뿐만 아니라 회사 전체의 신뢰에도 악영향을 주는 사태로 번질 수 있기 때문이다. 한번 잃은 신뢰를 되찾기란 결코 쉬운 일이 아니다. 그러므로 상사는 모든 일이 순조롭게 진행된다고 생각될 때 특히 주의해야 한다. 누군가가 작은 실수를 저질러놓고도 감추고 있을 가능성이 있다.

인간이 어떤 생물인지를 제대로 공부한 사람이라면

가장 잘나갈 때일수록 최악의 경우를 떠올려야 한다는 사실을 알고 있을 것이다. 그런 상사는 "잠깐! 일이 너무 순조로운 것 아닌가?" 하며 경각심을 갖고 작은 실수나 이상 징후를 민감하게 감지한다. 그와 반대로 "우리 부서는 최근 10년 동안 한 번도 실패한 적이 없어. 항상 이익을 낸단 말이지" 하고 자랑스레 말하는 상사가 있다면, 통찰력이 없는 사람이라고 보면 된다. 인간에 대해서 공부하지 않기 때문에 실패가 없어야 가장 좋은 거라는 얕은 생각에 머물러 있는 것이다. 인간은 완벽할 수 없다. 그 사실을 잊고 우리 부서는 우수하다고 자만하다가는 언젠가 그동안 은폐되고 축적되어온 잘못이 한꺼번에 드러나 회사가 발칵 뒤집히는 일이 일어날 것이다.

비관적으로 생각하고
낙관적으로 행동하라

이토추상사는 셰일가스 사업을 추진하기 위해 미국 석유 · 가스 개발 회사에 25% 지분으로 출자하고 있었다. 2015년 6월, 그 사업에서 철수하기로 결정하고 이토추가 가지고 있던 주식을 2년간 감손처리한 후 그 회사에 되팔았다. 장부가격이 거의 제로였기에 이 사업에서 총 800억 엔의 손실을 계상하게 됐다. 손실은 컸지만 당시 오카후지 마사히로 사장(현 회장 겸 최고경영자)의 그 판단은 옳았다고 생각한다.

실패라고 생각했을 때는 솔직히 인정하고 재빨리 매듭을 짓는 것이 좋다. 미련을 버리지 못하고 질질 끌어

봤자 좋은 결과는 나오지 않는다. 그 일에 쏟을 에너지를 다른 비즈니스에 쏟는 것이 훨씬 효율적이다.

조직의 최고경영자나 리더는 주위 사람들과는 반대 방향으로도 생각해야 할 때가 있다. 나도 사장으로 일하던 시절 성과가 지지부진해 모두 의욕이 꺾여 있을 때는 태연한 모습을 보이며 "뭘 그렇게 축 처져 있어? 반드시 잘될 거야" 하고 직원들의 어깨를 두드려주곤 했다. 반대로 프로젝트에 성공해서 모두 기뻐할 때는 "이 기세가 오래가지는 않을 겁니다. 최악의 시나리오까지 검토해봅시다" 하고 신중을 기했다. 득의만면한 웃음을 짓는 간부에게는 "이번에는 어쩌다 운이 좋았을 뿐이죠. 실력 이상의 결과가 나온 거잖아요. 앞으로 있을 중대한 프로젝트에서는 큰 위기에 맞닥뜨릴지도 모릅니다. 그러니 검토와 연구를 거듭하면서 늘 겸손한 마음가짐을 잊지 말기 바랍니다" 하고 다잡아주기도 했다.

항상 주위 사람들과 반대의 경우를 상정하는 습관은 미국에서 곡물 선물거래를 담당했던 경험에서 비롯됐다. 선물거래의 세계에는 '올라간 것은 반드시 내려간다. 내려간 것은 반드시 올라간다'라는 지극히 단순한 원리가 적용된다. 무엇이든 영원히 올라가는 일도, 영원히 내려가는 일도 없다. 바꿔 말하면 상승세를 타고 올라가는 기세에는 이미 내려갈 가능성이 포함되어 있으며, 내려가는 방향성에는 이미 올라갈 수 있는 요소가 포함되어 있다는 얘기다. 그러므로 최상의 상태일 때야말로 침착하고 냉정한 자세로 미래에 닥칠지 모르는 최악의 위기를 상정해두어야 한다. 이는 역경을 헤쳐나가는 데 가장 중요한 마음가짐이다.

2008년에 미국의 투자은행 리먼 브러더스가 서브프라임 모기지론의 부실로 파산하면서 그 여파로 세계 경제는 '100년에 한 번'이라고 할 정도로 심각한 금융 위기를 맞이했다. 이 사태의 근본적인 원인은 리먼 브러더스가 성공가도만을 달려왔다는 데 있다. 그들은 줄곧 이익을 내면서 자신들이 하고 있는 일이 완벽하다고 방심했다. '이상하네. 지금까지와 똑같이 하고 있는데 돈이 이렇게 잘 벌리다니' 하고 의심해야 마땅한데도 자신들의 금융공학적 능력을 과신하고 오만해져서 위기관리에 소홀해졌다. 투자나 거래에서는 '아직 더 오를 것 같을 때가 팔 때이고, 아직 더 내려갈 것 같을 때가 살 때다'라는 교훈을 잊지 말아야 한다.

거품경제 시기에 호황에 들떴던 일본 기업들도 마찬가지다. 그때의 습성에 젖어 지금도 안일한 태도와 사고를 벗어던지지 못하고 있는 듯하다. 나는 틈 날 때마다 "비관적으로 생각하고 낙관적으로 행동하십시오"라고 말한다. 최악의 사태를 상정해서 준비하고, 그다음은 잘 되어갈 거라 믿으며 긍정적으로 나아가는 것이 좋다. 내가 지금껏 고수하고 있는 경영 자세다.

비관적으로 생각하고 낙관적으로 행동하는 것은 모든 상황에서 통용되는 사고다. 협상 자리에서는 비관적인 경우만 생각하면 오히려 상대와 대립하게 되거나 자사의 불이익으로 이어질 수 있다. 기업의 리더라면 회사와 직원을 어떻게 지킬 것인지, 그리고 자사와 협상 상대 모두에게 무엇이 이익이 될지를 판단해야 한다. 현장에서 일하는 직원들도 저마다의 위치에서 이런 의식을 지녀야 할 것이다.

문제가 많을 때는
오히려 기뻐하라

나는 사람들에게 상담 요청을 많이 받는다. 남들이 보기에는 모든 일이 순조로운 것 같은 상황에 있는 사람도 의외의 고민이나 문제로 가슴앓이를 하고 있는 경우가 많다. 인간이 살아 있는 한 문제는 늘 따라다닌다. 일 문제, 돈 문제, 인간관계 문제, 가정 문제, 건강 문제 등 종류나 사연은 헤아릴 수 없이 많다. 게다가 한 가지 문제가 해결되면 또 다른 문제가 잇따라 일어난다. 그 문제를 어떻게든 해결하려고 사람들은 고민한다.

개중에는 자신에게 일어난 문제를 필요 이상으로 심각하게 받아들여 우울해하는 사람도 있다. 문제가 생기면 안 된다는 생각이 너무 강해서다. 하지만 문제가 생기지 않는 인생은 어디에도 존재하지 않는다. 문제가 없어지는 것은 죽을 때다. 즉, 문제가 있다는 것은 살아 있다는 증거다. 온종일 아무 생각도, 아무런 일도 하지 않고 누워 뒹굴기만 한다면 아무 문제도 생기지 않을 것이다. 무언가 목적의식이 있고 '나는 이렇게 하고 싶다'는 강한 바람이 있는데 지금은 그렇지 않기 때문에 문제라고 느끼게 된다. 즉, 안고 있는 문제가 크면 클수록 또는 많으면 많을수록 진지하게 살아가고 있는 것이다. 그러니 문제가 있다는 것을 기뻐하기 바란다.

그렇다 해도 정말로 문제가 너무 많아 괴로운 사람은 그 문제가 왜 일어났는지를 스스로 깊이 생각해보자. 예를 들어 1,000만 엔만 있으면 회사를 차릴 텐데 100만 엔밖에 없어 고민하고 있다면, 이는 창업하고 싶은 꿈과 희망이 있기 때문이다. 또 부하 직원에 대해 '조금만 더 하면 될 것 같은데 왜 그렇게 내 말을 안 듣는 거야. 골치 아파 죽겠어' 하는 생각이 드는 것은 그에게 거는 기대가 크기 때문이다.

미래에 대한 꿈과 희망도, 부하를 키워 성장시키고 싶

은 마음도 모두 당신에게 의욕이 있기에 생겨난다. 의욕이 있다는 건 열심히 살아가고 있다는 증거다. 이 얼마나 좋은가. 해결했을 때 보람을 느낄 수 있는 문제가 없다면 사람은 열정도 의욕도 갖지 못할뿐더러 발전할 수도 없다.

한편, 문제라고 여겼던 일도 곰곰이 생각해보면 그다지 문제가 아닌 경우도 있다. 이를테면 어제는 계약을 한 건도 따내지 못했다고 해보자. 그것이 어제뿐만이 아니라 오늘도 내일도, 그 후로도 쭉 계속된다면 당신의 영업 방식에 잘못이 있는 것이니 문제가 된다. 하지만 어제는 헛수고로 끝났지만 오늘은 계약을 따냈다면 전혀 문제가 아니다. 어제는 방법이 조금 잘못됐을 수도 있고 어쩌다 보니 계약을 못 따낸 것일 수도 있다.

또한 관점을 달리하면 문제가 자연히 풀리기도 한다. 예를 들어 오랜 세월 일을 하다 보면 자신이 원치 않는 인사이동을 지시받는 일도 있다. 적자 부서나 자회사로 이동 발령을 받은 사람은 '난 왜 이렇게 운이 없을까', '이건 누가 봐도 좌천이잖아!', '이제 다 끝났어' 하는 식으로 생각할 것이다. 하지만 조직의 논리로 보자면 능력

없는 사람에게 어려운 일을 맡기지는 않는다. 능력이 있으니까 힘든 일을 맡기고 실적이 좋지 않은 부서를 다시 일으켜 세우라고 투입하는 것이다.

사람은 일을 통해 단련되고 깊어진다는 것이 나의 오랜 믿음이다. 힘든 일일수록 사람을 성장시킨다. 그러므로 아무도 원하지 않는 힘든 부서로 이동하게 됐다면 기꺼이 환영할 일이다. 돈을 받으면서 성장할 수 있는 데다, 엄격한 직장에서 힘든 체험을 하면 약자의 입장을 헤아리는 법도 배우게 되기 때문이다. 문제가 아니라 오히려 좋은 기회라고 인식해야 한다. 실적이 바닥을 치고 있는 부서라면 더더욱 좋다. 잃을 것이 없으니 앞으로 나아갈 일만 남아 있지 않은가.

신입사원 중에는 이른바 모두가 선망하는 부서에 배속되지 못했다는 이유로 의욕을 잃는 사람도 있다. '나는 앞으로도 지금과 똑같은 일만 하겠구나' 하고 생각하기 때문이다. 그래서 '나이 오십이 되어도 이 일을 하고 있지 않을까' 싶어 의기소침해진다. 하지만 이는 지나치게 비관적인 생각이다. 실제로는 경험을 쌓을수록 할 수 있는 업무의 폭이 넓어지고 능력도 향상된다. 5년 후, 10

년 후에도 같은 업무를 하는 일은 없다. 어떤 부서로 가더라도 기회는 반드시 찾아오기 마련이다.

내가 입사했을 때 처음 희망한 부서는 철강부였다. 당시는 '철 생산량이 곧 국력'이라고 말하던 시대여서 철강부가 가장 인기 있었다. 그런데 정작 배속된 부서는 이름도 들어본 적 없는 유지부였다. 철강부에 배속된 동기는 입사 1년도 채 되지 않아 양복을 말쑥히 차려입고 세계 각국을 다니며 어엿한 상사원으로서 근사하게 일하고 있는데, 나는 매일 책상에 앉아 평범한 업무를 했다. 하지만 힘들다고 여기지는 않았다. 식료 부서의 일은 농작물 매입부터 가공, 판매까지 전부 직접 할 수 있기에 가장 상사다운 일이었다. 진지하게 일을 해나가는 동안 '이거야말로 상사의 일이지' 하고 실감하면서 점점 일이 즐거워졌다. 보람 있는 일이냐 아니냐는 자신이 어떻게 임하느냐에 달려 있다.

입사 당시에 희망했던 철강부는 최근 들어 활기를 되찾았지만 한때는 오래 지속된 경기 침체로 상당히 고생한 직원도 많았을 것이다. 어떤 회사나 부서든 잘되는 시기가 있는가 하면 힘든 시기도 있기 마련이다. 입사

때부터 정년이 될 때까지 줄곧 호황인 경우는 드물다. 이런 이치를 알게 되면 사물에 대한 사고방식이나 일에 대한 관점이 달라져 예전에는 문제였던 일이 별문제 아닌 것으로 느껴지기도 한다. 자신이 심각하게 고민했다는 사실조차 잊을 수도 있다. 나는 문제를 떠안고 상담하러 오는 사람들에게 이렇게 말한다.

"실패한다고 죽지는 않습니다. 살아가다 보면 기회는 얼마든지 있어요. 마음을 강하게 먹고 긍정적으로 생각한다면 문제를 해결할 방법은 반드시 찾을 수 있습니다."

다만 인간 한 사람의 힘에는 한계가 있다. 당신을 문제 해결의 길로 이끌어주는 것은 타인에 대한 상상력과 공감이며 그 원천이 바로 독서와 경험이다. 많은 책을 읽고 다양한 경험을 쌓으면 자신이 겪는 문제가 어디서나 흔히 일어나는 것임을 깨닫게 된다. 특히 독서에서 얻은 지식과 사고방식, 그리고 상상력은 크고 소중한 힘이 된다. 다양한 책을 읽고 선인들의 지식과 경험에서 배움으로써 문제를 해결할 수 있는 깨달음을 얻고 마음을 강하게 단련하기 바란다.

2장
====

일과 인생

일을 통한 인간적 성장을
추구하라

인간은 무엇을 위해
일하는가

무엇을 위해 일하는가. 이는 우리가 살아가는 데 매우 중요한 질문이다. '무엇을 위해 일하는가', '일을 통해 얻는 기쁨과 행복은 무엇인가'라는 질문에 자기 나름의 답을 내놓을 수 있어야 한다.

당신은 어떻게 대답하겠는가?

주위 사람들에게 칭찬받고 인정받기 위해서? 그렇다면 칭찬받기 위해 상사의 비위를 맞추고 남들에게 잘 보이는 데에만 능한 별 볼 일 없는 사람이 되고 만다. 잘못된 일을 해도 그것이 상사에게 이익이 된다면 상사는 칭찬해줄 게 뻔하다. 그것이 당신의 기쁨인가?

아니면, 기술을 갈고닦아 자기 일을 확실히 해내기 위해? 젊을 때는 그것도 좋다. 하지만 정말로 그것이 인생의 최종 목표인가? 기술과 관련된 일은 머지않아 AI(인공지능)가 도맡아 하게 될지도 모른다.

그것도 아니면, 돈을 많이 벌어 부자가 되기 위해서? 물론 누구라도 돈은 없는 것보다 있는 것이 좋다. 하지만 돈에서 인생의 기쁨을 느낀다면 과연 만족스러울까. 한밤중에 벽장에서 돈다발을 꺼내 들고 히쭉히쭉 웃으며 세어볼 건가? 어쩐지 공포영화의 한 장면처럼 느껴지는 건 나뿐인가.

어떤 조사에서는 연봉이 700만 엔을 넘어서면, 수입이 그 이상으로 늘어나도 행복의 척도가 되지 못한다고 밝혔다. 연봉 700만 엔을 받는 사람이 1,000만 엔을 받게 된다고 해서 행복도가 300만 엔만큼 높아지지는 않는다는 뜻이다. 그보다는 400~500만 엔을 벌던 사람이 열심히 노력해서 자신의 힘으로 원하는 것을 손에 넣었을 때의 행복감이 더 크다고 한다.

뉴욕에서 근무하던 시절에 나는 주위의 미국인들에 비해 급여가 적고 가난했다. 갖고 싶은 물건이 있어도 비싸서 살 수가 없었다. 열심히 돈을 모아서 겨우, 아내가 음식을 만들 때 허리가 아프지 않을 만큼 편리한 부엌을 갖게 됐는데 얼마나 기뻤는지 모른다. 나 자신이 아니라 가족이 행복해하는 기쁨이다. 이런 소소한 기쁨이 쌓일 때 '아, 행복해!' 하고 느끼는 게 아닐까. 돈이 곧 행복인 것은 아니다.

　돈을 위해서가 아니라 출세하고 권력을 갖고 싶어서 열심히 일하는 거라고 말하는 사람도 있을 것이다. 하지만 "내가 사장이니 모든 걸 내가 결정하는 게 당연하지 않겠어?" 하고 거만하게 굴어서야 어디 좋은 일이 있겠는가.

　나는 사장을 거쳐 회장을 역임했는데 내 인생의 정점에서 행복을 느낀 적은 거의 없었다. 사장이 되고 회장이 됐다고 해도, 회사를 그만두면 그저 아저씨일 뿐이다. 회사를 그만두고 할아버지가 되어 집 앞 골목을 힘없이 걸어 다닌다면 예전에 평사원이었든 회장이었든 마찬가지 아닌가. 그렇게 주변 사람들에게 높은 사람이라고 우쭐대고 싶으면 등에 '무슨무슨 회사 사장'이었다고 쓴 명찰이라도 붙이고 다니는 게 어떤가.

지금까지 언급한 돈, 명예, 권력 따위는 일시적인 욕망밖에 채워주지 못한다. 그렇다면 인간은 무엇을 위해서 일하는 걸까. 일을 하는 대가로 적당한 금전적 보수를 받는 것을 넘어서면, 그다음에는 인간으로서의 성장을 위해 일하는 거라고 생각한다. 일을 통해 인간으로서 얼마큼 성숙되고 완성되어가느냐에 의미가 있다.

내가 생각하기에 일은 인생 자체다. 인생에서 일을 빼면 아무것도 남지 않는다고 해도 좋다. 일을 하면서 기쁨, 슬픔, 분노, 질투, 삐딱한 마음 등 다양한 감정을 맛본다. 모든 감정을 경험할 수 있는 것은 일 말고는 없다. 일을 통해 사람은 수많은 경험을 쌓고 인간을 한층 더 깊이 이해하게 된다. 그것이 인간으로서의 성장이다. 일을 함으로써 얻는 기쁨과 행복은 사람마다 다르지만, 대부분 사람은 정신적으로 만족할 때 기쁨과 행복을 느낀다.

내게 인생의 가장 큰 기쁨과 행복은 팀이 하나가 되어 어려운 일을 해냈을 때 느끼는 '모두 함께 나누는 기쁨'이었다. 다른 말로 하자면 '감격, 감동, 감사 그리고 두근거림과 설렘'이다. 고통과 역경이 크면 클수록, 함께하는 동료가 많으면 많을수록 이 기쁨은 깊어지고 오래 지속된다. 기쁨과 슬픔을 함께 나눌 수 있는 동료나 가족이야말로 인생에서 얻을 수 있는 진정한 재산이 아닐까.

되돌아보면 나의 인생은 한결같이 두근거림과 설렘을 추구하는 삶이었다. 이 기쁨은 한번 맛보면 또 맛보고 싶어진다. 더 열심히 살아서 한층 넓고 깊은 감격과 감동을 느끼고, 목이 메어 눈물이 날 정도의 기쁨·슬픔·분한 감정을 많은 동료와 공유하고 싶어진다. 그런 기회를 자꾸만 만나고 싶어진다.

또 하나의 기쁨은 내가 과장, 부장이었을 당시 부하들이 의욕적으로 일하고 건강하게 생활하면서 '이런 상사와 함께 일할 수 있다니 난 정말 행운아야' 하고 생각해준 일이다. 사장에게는 직원들이 '이 회사에서 일하길 잘했다'라고 생각해준다면 그보다 더 큰 행복은 없다. 아무리 월급을 많이 주는 회사라 해도, 사장이 어떻게든 돈만 많이 벌어오면 우대해주겠다는 태도로 대한다면 직원들은 결코 그 회사에서 일하길 잘했다고는 생각하지 않을 것이다.

거짓말을 하거나 속이거나 다른 사람의 마음에 상처 입히지 않고 진심으로 이런 기쁨과 행복을 맛본 사람은, 죽음을 앞두었을 때 '아! 내 인생은 참 좋았어!' 하고 깊은 만족감을 느끼지 않을까. 그런 인생을 살고 싶다. 그런 사람이 되고 싶다.

돈만 좇아 일하는 사람은
프로가 될 수 없다

일에는 눈에 보이는 대가와 보이지 않는 대가가 있다.
눈에 보이는 대가는 급여다. 일하는 사람에게 급여는 매
우 중요하다. 일한 대가로서 반드시 지급되어야 한다.
하지만 급여만으로는 측정할 수 없는 것이 있다. 그것이
바로 보이지 않는 대가다. 보이지 않는 대가는 마음과
정신적인 면을 가리킨다. 힘든 일을 해냄으로써 시야가
넓어지고, 자기 나름의 가치관을 갖게 되며, 감동을 함
께 나눌 동료가 생기기도 한다. 이것이 곧 자신의 성장
이라는, 눈에 보이지 않는 대가다. 사람은 일을 하는 가
운데 고민하고 고생하면서 성장한다. 남들이 하기 싫어

하는 일을 맡았을 때 긍정적으로 받아들이는 순간 성장과 발전의 가능성이 싹튼다.

또한 자신이 하고 있는 일이 회사에 큰 보탬이 되고 다른 사람들에게 도움이 된다는 자긍심과 사회를 위하는 일이라는 실감 역시 눈에 보이지 않는 대가다. 이런 대가를 얻으면 기분이 좋아지고 일할 의욕이 솟구쳐 얼굴에도 반짝반짝 생기가 돈다.

약간 문학적인 표현이 될지도 모르지만, 일한다는 것은 '보답을 바라지 않는 사랑과도 같다'고 볼 수 있다. 보답을 바라지 않고 회사가 발전해서 커질 수 있도록 온 힘을 다하는 것은 사회를 위해 애쓰는 일이기도 하다. 이런 행동과 마음을 기뻐해 주는 사람들이 있고 그 사람들의 기쁨이 다시 자신에게 기쁨으로 돌아온다. 보이지 않는 대가란 바로 이런 것이다.

물론 회사가 당신에게 업무상 성과를 올려주길 바라기 때문에 당신도 그 나름의 보답, 즉 대가를 바라는 것은 당연하다. 하지만 처음부터 돈이 최우선은 아니라는 뜻이다. 상황과 내용에 따라서 다르겠지만, 보답을 바라는 사랑은 천박하게 여겨지기 쉽다. 일을 하면서 눈에 보이는 대가를 하나하나 따지고 추구한다면 자신이 성장하는 데 한계가 그어질 것이다.

예를 들어 메이저리그의 오타니 쇼헤이 선수가 연습을 할 때 '이 훈련을 다 해내면 대가가 이만큼 돌아오겠지' 하고 생각할까? 그렇지 않다. 금전적인 보상을 좇지 않고 오로지 자기 일을 통해서 팬을 기쁘게 하고 감동을 공유하고 싶다는 바람으로 연습에 온 힘을 다하기 때문에 그 정도로 뛰어난 실력을 발휘할 수 있는 것이다.

직장인도 마찬가지다. '이 일을 해내면 이만큼 급여를 올려주겠지' 하고 보상을 먼저 따진다면 일을 제대로 할 수 없을뿐더러 상사에게 좋은 평가를 받지도 못한다. 항상 최선을 다해 일하면 중요한 승부의 순간에 실력을 최대한 발휘하게 되어 기회를 살릴 수 있다. 돈이라는 보이는 대가는 그 뒤에 저절로 따라오기 마련이다.

프로의 일이란 그런 것이다. 온 힘을 다하지 않고 그저 돈만 벌면 된다거나 돈이 전부라고 생각한다면 절대로 프로가 될 수 없다. 그래서 나는 항상 이렇게 말한다.

"싫다고 도망치는 상대를 아무리 따라다닌들 사랑이 이뤄질 리 없지 않습니까? 일도 마찬가지입니다. 돈을 좇아 일을 하면 영원히 돈을 붙잡을 수 없습니다. 오히려 돈을 좇지 않는 사람에게는 돈이 알아서 따라오는 법이죠."

직장인뿐만이 아니라 어떤 분야에서든 일을 하는 이상 이런 마음을 갖는 것이 중요하다. 일에서 어떤 기쁨을 추구할지, 일할 의욕을 무엇으로 불러일으킬지는 사람마다 다르지만 돈만을 좇음으로써 행복을 느낄 만큼 인간도, 인생도, 일도 그렇게 단순하거나 천박하지 않다.

자신의 머리로 생각하고
스스로 행동하라

인터넷의 보급에 따라 일본의 취업 활동이나 입사시험의 양상이 크게 바뀌었다. 한마디로, 취업 활동이 비즈니스화됐다. 예전에 취업 활동은 대학의 취업과에 게시되어 있는 구인 공고나 기업의 구인 팸플릿을 보고 자신이 기업에 연락을 취한 후 회사설명회에 가서 입사시험을 치르는 것이 일반적이었다. 내가 학생이었을 무렵에는 더 간단했다.

"귀사에 지원하고 싶습니다."

"환영합니다. 시험은 ○월 ○일이니 그때 오십시오."

이렇게 해서 시험을 치르면 인사부에서 합격인지 불

합격인지 연락해줬다.

그런데 지금은 완전히 달라졌다. 대개 학생은 취업 포털사이트에 회원 등록을 하고 그 사이트를 통해 기업에 입사지원서와 이력서를 보낸다. 그런 뒤 회사설명회와 입사시험을 예약하는 절차로 이뤄진다. 이런 취업 사이트를 운영하는 에이전시는 얼마든지 있다. 에이전시에서 입사지원서와 이력서 쓰는 법, 면접 보는 요령 등을 가르쳐주므로 학생들 사이에서는 에이전시와 상담하는 것이 당연한 일처럼 됐다.

나는 입사지원서와 이력서는 스스로 생각해서 쓰면 된다고 보는데, 학생들은 대부분 어떻게 해야 좋을지 알지 못한다. 요컨대 자신의 머리로 생각하기가 어려운 것이다. 대기업에 근무하는 지인에게 들은 바로는, 일류 대학 학생들도 에이전시에 의지한다고 한다. 물론 대학 측의 사정도 있을 것이다. 특히 사립대학은 학생 수가 매우 많아서 취업과에서 이력서 쓰는 법까지 일일이 가르쳐줄 수가 없다. 그리고 인터넷에서는 입사지원서나 이력서를 본인이 썼는지 아닌지 알 수 없다. 혹시 부모가 대신 써주거나 어딘가에서 돈을 내고 작성 서비스를 받는 학생도 있을지 모른다.

대기업 중에는 취업 포털사이트에만 구인 정보를 공개하는 곳도 많다고 한다. 예를 들어 대기업 A사를 희망하는 학생 1만 명이 있다고 하자. A사 인사부에서는 그렇게 많은 희망자를 일일이 상대할 수 없기 때문에 우선 각 에이전시가 서류심사에서 1만 명을 3,000명 정도로 추린다. 어떤 기준으로 정하는지는 알 수 없다. 그다음 1차 면접에서도 각 에이전시가 입사시험 성적순으로 지원 서류를 정리한다. A사 인사부가 에이전시에서 정리한 자료를 참고로 2차 면접을 실시하고 최종적으로 100명의 학생을 채용한다. 그런 다음 A사는 각 에이전시에 채용한 학생 한 명당 몇십만 엔 정도의 돈을 지불하는 시스템이다. 나는 구체적인 금액은 알지 못하지만 이 일을 직업으로 해서 돈을 버는 에이전시가 있다고 한다. 이런 절차를 잘 아는 한 지인은 "취업전선을 통과한 이들은 다들 대단한 사람이다"라고 말하기도 했다.

한편, 중소기업은 취업 에이전시를 통해 신규 채용을 진행할 만큼 금전적인 여유가 없기에 중소기업에 입사시험을 치르러 오는 응시자는 전부 자신이 알아보고 준

비해서 온 학생들이다. 그러므로 자기 생각이 있고 자립심 강한 젊은이가 있는 곳은 중소기업일지도 모른다.

이 정도로 현재의 입사시험은 예전과 완전히 다르다. 대기업에 들어가는 사람은 대부분 무난한 모범생들뿐이다. 신입사원 개개인의 특성을 꿰뚫어 적재적소에 배치하는 일은 바랄 수도 없다. 상황이 이렇다 보니 '동일노동 동일임금'이라는 사고가 확산된 것이 아닐까. 하지만 같은 일을 한다고 해도 돈으로 평가할 수 없는 것도 있다. 인간으로서의 깊이 있는 품성과 폭넓은 사고에 따라 저마다의 노동에는 독자적인 가치가 있으며, 그 가치는 돈 이외의 기준으로 평가해야만 한다. 전부 돈으로 평가할 수 있는 노동이라면 기계가 하는 것이나 다름없다. 기계처럼 일한다면 마음이 깃든 제품이나 서비스를 제공할 수 없으며, 일하는 본인의 능력도 향상되지 않는다. 그러면 이 치열한 경쟁 환경에서 회사가 살아남고 발전할 수 없을 것이다.

그러므로 더더욱 스스로 생각해서 행동하고, 공부해서 발전해나가는 마음가짐이 중요하다. 그러려면 '나는 무엇을 하고 싶은가? 무엇을 위해서 살아가는 걸까?' 하는 물음을 원점으로 삼아야 한다.

안타깝게도 아마 이 물음에 답할 수 있는 젊은이는 그리 많지 않을 것이다. 젊은이들 가운데는 "사실 의사가 되고 싶었는데 노동 시간이 길고 급여도 그리 많지 않아서"라는 이유로 의사를 포기하고 대기업에 입사했다는 사람도 있다. 설령 의과대학에 들어갔다고 해도 '무엇을 위해서 의사가 되고자 하는가?'를 놓고 진지하게 고민하지 않는다. 지금은 병으로 고통받는 사람을 돕고 싶다거나 국민의 건강에 공헌하고 싶다는 고상한 꿈을 이야기하는 시대가 아니다. 그런 건 아무래도 좋으니까 권위 있는 교수의 제자가 되겠다거나 해외로 유학 가서 스펙을 만들어 오겠다는 사람이 늘고 있다.

종합상사도 상황은 마찬가지다. 이번에 열 명 정도의 신입사원을 채용한 친구의 말로는 오리엔테이션을 마친 후 해외에서 일하고 싶은 사람이 있느냐고 물었더니 손을 든 사람이 한 명뿐이었다고 한다. 왜 상사에 들어왔느냐고 물으면 대부분 '연봉이 높아서'라고 대답한다는 것이다. 겉에서 보기에 종합상사는 연봉이 괜찮고 3D, 즉 '힘들고 더럽고 위험한' 업종이 아닌 회사로 여겨져 입사하는 사람이 많은 편이다. 친구는 '대체 당신들의 꿈은 무엇이란 말인가' 하는 생각이 절로 들었다고 한다.

내가 가장 걱정하는 점이 바로 그것이다. 요즈음 젊은 이들에게는 꿈이 없다.

"이런 일을 해보고 싶어!" 하고 눈을 반짝반짝 빛내는 사람이 극히 드물다. 만약 당신이 꿈을 갖고 있지 않은 젊은이 중 한 명이라면 왜 꿈이 없는지, 어떤 조건이라면 꿈을 가질 수 있을지를 생각해보라.

꿈을 갖는 데 돈이 필요한가? 만약 그렇게 생각한다면 우선 돈 모으기를 목표로 하면 된다. 그 목표를 달성하는 방법에는 여러 가지가 있을 것이다. 대학을 나와야 꿈을 가질 수 있다고 생각한다면 대학에 들어가라. 그런데 만약 어떻게 해야 꿈을 가질 수 있을지 전혀 모르겠다면 일단 해외로 나가기 바란다. 외국 대학으로 유학을 가도 좋고, 어디든 외국을 여행하는 것도 좋다. 예를 들어 인도에 관심이 있다면 인도에 가면 된다. 간다고 해서 무엇을 얻을 수 있을지 반신반의할지도 모르지만 그런 걸 따지기 전에 우선 떠나라고 말해주고 싶다.

한 발을 내디뎌 나라 밖 세계로 가면 전혀 다른 경치가 펼쳐진다. 경치가 바뀌면 의식도 달라진다. 인도의 거리에서 먹고 자는 사람들을 보고 자신이 얼마나 좋은 환경에서 살아가고 있는지를 알게 될 수도 있고, 그처럼 혜택받은 환경을 활용해서 무엇을 할지 생각하게 될 수도 있다. 넓은 세계로 나가 조국을 바라보면 평소에 생각하지 못했던 새로운 관점과 새로운 의식을 갖게 되기도 한다.

돈이 별로 없다면, 궁핍하게 살아갈 것을 각오하고 지금과는 완전히 다른 외국 환경에서 혼자 생활해보는 것도 좋다. 그만한 용기를 낼 수 있다면 저절로 의식이 바뀌고 자신에게 주어진 과제도 찾을 수 있다. 도전이야말로 미래가 있는 젊은이의 특권이다.

꿈과 목표는
일 속에서 키워가라

일본 후생노동성의 조사에 따르면 대졸 정규사원 중 입사 3년 이내에 회사를 그만두는 비율이 세 명에 한 명꼴인 상태가 오래 지속되고 있다고 한다. 왜 이렇게 많은 젊은이가 짧은 기간 내에 회사를 그만두는 걸까. 이유는 다양하지만 2014년 8월에 발표된 후생노동성 조사 결과에서는 '일이 자신에게 맞지 않는다'가 18.8%로 3위를 차지했다(2013년 청년고용실태조사).

예전에 나는 입사한 지 얼마 안 되어 퇴사를 선택한 사립대 졸업생 열 명 정도를 만나 회사를 그만둔 이유를 직접 물어본 적이 있다. 그때도 위와 비슷하게 '하고 싶은 일을 찾지 못했다'라는 답변을 들었다. 이렇게 대답한 사람들에게 "그럼 당신에게 맞는 일은 무엇인가요? 당신은 어떤 일을 하고 싶습니까?" 하고 물었더니 실은 자신도 그걸 잘 모르겠다는 것이다. 인턴십이나 아르바이트 경험이 약간 있을 뿐 본격적으로 일을 해본 적이 없으니 겨우 2~3년 사이에 그 일이 자신에게 맞는지, 하고 싶은 일인지 알 수 없는 것은 당연하다.

인간은 일단 반복하고 또 반복하여 같은 일을 해나감으로써 성장한다. 같은 일을 꾸준히 몇 번이고 반복하지 않으면 진짜 자기 것이 되지 않는다. 젊은이들에겐 그런 생활이 지루하게 느껴질 것이다. 어제도 오늘도 내일도 비슷한 일을 끝없이 해야 한다. 전혀 재미가 없다. 그러는 동안 이 일은 자신에게 맞지 않는다거나 자신이 하고 싶은 일이 아니라는 생각이 들어 '이런 일만 하며 살 순 없지' 하고는 회사를 그만두고 만다. 하지만 사실은 이제 막 성장을 위해 한 걸음을 내디딘 참이다. 이런 사실을 깨닫지 못하면 다른 회사로 옮겨도 똑같은 이유로 그만둘 것이다. 심지어 그다음 회사도 마찬가지다. 그렇게 나이가 들어가면서 일의 진정한 즐거움과 기쁨을 알지 못한 채 인생이 끝나고 만다.

한편 단기간에 회사를 그만둔 이유를 '일에 꿈이나 목표를 가질 수 없어서'라고 말하는 사람도 있다. 나는 꿈이란 일하는 경험을 통해 생기는 거라고 생각한다. 목표는 실제로 자신이 일하는 동안에 만들어갈 수밖에 없다. 그러니 우선 주어진 일을 다른 사람보다 빠르고 정확하게 해내는 것이 중요하다. 잘못했을 때는 솔직히 사과하면 된다. 그렇게 하는 동안에 일이 점점 더 깊이를 더해간다. '이런 거구나. 재미있네' 하는 마음이 들면 그 일에 관해 더 많이 공부하고 싶어진다. 이렇게 꿈과 목표를 찾았다 해도 노력 없이 달성되지는 않으니 단단히 각오하고 노력을 계속해야 한다.

이렇게 말하는 나도 사회에 첫걸음을 디디던 당시에는 이렇다 할 꿈이나 목표가 없었다. 애초에 내가 종합상사에 지원한 동기는 취업 활동을 시작한 첫날에 마침 이 회사의 입사시험이 있었기 때문이다. 대학 시절 내내 온통 학생운동에 시간을 쏟았기 때문에 어차피 어느 회사에 지원하든 다 떨어지겠거니 생각하고는 입사시험이 가장 이른 회사에 지원했다. 솔직히 말하면 그때는 종합상사가 어떤 일을 하는 곳인지도 잘 몰랐고, 만약 합격한다 해도 학생운동을 했던 경력이 드러나 합격이 취소될 거라고 생각했다.

그런데 어찌 된 일인지 합격 통지가 왔다. 정말로 채용됐다는 사실을 반신반의하면서 입사한 터라 꿈이나 목표가 있을 리 없었다. 어떻게든 일을 배우며 계속해나가는 동안 일의 재미와 깊이를 점차 알게 됐다.

동기들 중에는 "전 세계를 종횡무진하며 활약하고 싶어서 이 회사에 지원했습니다"라고 말하는 사람도 있었지만, 내게 그렇게 멋진 이유는 없었다. 현재 꿈이나 목표가 없는 사람도 열심히 일을 해나가는 동안 찾으면 된다. 나는 그렇게 믿는다.

개미에서 잠자리로,
그리고 인간으로

경제소설의 아버지로 불리는 작가 시로야마 사부로와 대담을 나눈 적이 있다. 그는 이토추상사 입사시험에 나왔던 질문인데 알고 있느냐면서 다음과 같은 얘길 들려주었다.

'당신은 개미가 되려는가, 잠자리가 되려는가, 인간이 되려는가.'

이 말은 사회인으로서 나아가야 할 단계를 표현한 것이다.

'개미'는 입사해서부터 약 10년까지를 말한다. 처음에는 누구나 회사 일에 관해 거의 모르는 백지상태에서 출발한다. 직장인으로서는 아직 걸음마를 배울 때로, 마치 개미처럼 눈앞의 물건을 옮기는 일에만 온 정신을 쏟게 된다. 넓은 세상을 내다보지 못하는 미미한 존재다. 하지만 개미처럼 흙투성이가 되어 땅을 기면서 눈앞에 주어진 일을 끈기 있게 해내다 보면 조금씩 지식이 늘어나고 상식도 갖추게 된다.

그 시기를 지나 30대 초·중반쯤 되면, 드디어 일이 무엇인지를 어느 정도 알게 된다. 이때부터 40대 초·중반까지가 '잠자리' 시기다. 잠자리는 겹눈이라 여러 방향에서 사물을 본다. 지금까지는 개미로서 눈앞에 닥친 일을 해결하는 데 몰두했지만, 이 시기가 되면 더욱 다양한 관점에서 세상과 사물을 보는 능력을 익혀야 한다. 예를 들어 회사에 이익이 된다고 생각하는 일도 실제로는 신용을 훼손할 위험 요소를 내포하고 있을지도 모른다. '이렇게 하면 고객이 더 만족하지 않을까?', '지금까지 일하던 방식보다 더 좋은 방법은 없을까?' 하고 다양한 가능성을 찾는 자세로 모든 각도에서 일을 검증하는 능력을 갖추는 것이 바로 잠자리가 된다는 의미다. 당연한 말이지만 개미 시절보다 더욱 맹렬한 기세로 공부해야 한다. 그렇게 배워나가는 동안 자신이 담당하는 일의 중요성과 부서 전체의 일을 폭넓은 관점에서 판단할 수 있게 된다.

잠자리 단계를 거쳐 회사의 리더에 가까워지는 40대 후반에서 50대에 이르면 '인간'의 시기를 맞이한다. 여기서 말하는 인간이란 로봇에게는 없는, 피가 통하는 따듯한 마음이 있다는 뜻이다. 인간 시기에는 자신을 조절하는 힘, 부하와 후배를 자상하게 헤아리는 배려심, 조직을 힘차게 이끌어나가는 강인함을 익힌다. 자신보다 타인을 배려하는 이타심을 갖추는 것이야말로 진정한 인간이라는 의미다. 정신적으로도 단련을 계속하여 회사의 최대 자산인 인간에 관해서 더욱 공부하고 연구해야 한다. 이 시기에는 많은 부하를 두게 되고 그간 신뢰 관계를 쌓아온 거래처도 있으므로 자기 일만 하면 된다는 근시안적인 사고로 일해서는 안 된다. 자연히 인간의 본질을 통찰할 줄 알아야 한다. 인간을 아는 일은 경영의 핵심 비법이기도 하다.

개미, 잠자리, 인간이라는 성장 단계는 누구나 지나는 길일 것이다. 하지만 모든 사람이 인간 단계에 이를 수 있는 것은 아니다. 개중에는 잠자리 시기에서 마치는 사람도 있을 것이다. 또는 죽음을 얼마 앞두고야 비로소 인간이 되는 사람이 있는가 하면, 젊을 때 필사적으로 노력해 이른 시기에 인간이 되는 사람도 있을 것이다. 다만, 어느 쪽이 됐든 중요한 것은 개미의 시기를 어떻게 보내느냐다. 인간의 기초는 개미 시절에 다듬어진다. 이 시기에 모든 힘을 쏟아 일한 사람은 일이 자신에게 맞지 않는다며 이러쿵저러쿵 불만을 늘어놓는 사람보다 훨씬 더 실력을 기를 수 있다.

컴퓨터도 없던 시절의 이야기다. 어떤 대형 은행의 은행장이 신입 시절에 1년 내내 날마다 봉투에 수신인의 이름과 주소를 적는 일만 했다고 한다. 하지만 그는 부여된 업무를 성실히 하는 동안 자신이 다니는 은행의 소중한 고객에 대해 누구보다 잘 알게 됐고 인생 후반에 큰 도움이 됐다는 것을 나중에 깨달았다고 한다. 어떤 업무든 의미가 있다. 게다가 따분하고 기초적인 일을 오래 한 사람일수록 실제 비즈니스 상황에서 실력이 비약적으로 발전하기도 한다.

회사 측에서 보자면 입사한 지 1~2년밖에 안 된 직원이 하는 일은 소꿉장난 같다고도 할 수 있다. 잡무를 하는 것만으로 회사에 이익이 생겨나지는 않는다. 입사 후 3년쯤부터 드디어 한 사람 몫을 하게 되어 '급여를 줘도 되겠네' 하는 수준에 이른다. 그때까지는 급여라는 명목의 용돈을 주면서 일을 가르치는 셈이다. 그래서 나는 신입사원들에게 농담으로 자주 말하곤 한다.

"신입사원이 급여를 받다니 이건 반대가 아닐까? 오히려 회사가 받아야지. 흠. 수업료를 내라고 해야겠는걸?"

신입사원을 받아들이는 회사로서는 그런 느낌이다. 하지만 개중에는 자신의 주위만 둘러보고 '나는 이렇게나 일을 잘하는데' 하고 착각하거나 '잡일만 시키니 따분해 죽겠어', '급여가 너무 적어' 하고 속으로 불평하는 젊은이도 있다. 말도 안 되는 소리다. 냉정히 말하건대, 입사한 지 얼마 안 된 신입사원은 회사로선 있든 없든 아무래도 상관없는 존재다. 그런데도 공들여 교육하고 급여까지 지급하는데 일이 따분하다느니 급여가 적다느니 투덜거리는 것은 말도 안 되는 일이다.

개미 시절에 배운 일이 업무의 토대가 된다. 그 중요

한 일을 제대로 익히지 않으면 이후의 일은 모래 위에 성을 쌓는 격이 되기 십상이다. '돈을 받고 공부를 하는 것이니만큼 무엇이든지 관심을 갖고 해보는 것이 이득이다'라고 생각하라. 그러면 마지못해 일하는 것보다 몇 배나 더 많이 배울 수 있다.

능력이나 적성보다
노력이 핵심이다

당신이 혹시 젊은이라면 "10년이나 개미처럼 흙투성이가 되어 일해야 한다고?"라며 한숨을 내쉴지도 모른다. 하지만 실제로 '돈을 받고 공부하는' 시기는 처음 몇 년 동안이다. 이 기간에 열심히 일하다 보면 점점 회사의 실정이나 사회구조를 알게 된다. 존경할 만한 선배나 상사도 만나게 될 것이다. 그렇게 3년쯤 지나면 조금씩 책임 있는 일을 맡게 되고, 거기서 일의 즐거움과 보람을 찾아내게 된다.

그러면 일도 점차 순조롭게 되어간다. 기쁨이 있으니 진흙투성이가 되어도 별로 힘들지 않고 말 그대로 '개미처럼' 일할 수 있게 된다. 그러니 겨우 1~2년 만에 자신은 이 일과 맞지 않는다며 포기하는 건 지나치게 섣부른 결정이다. 사람은 누구나 무슨 일이든지 할 수 있는 능력을 갖추고 있다.

인간 게놈은 약 30억 개의 염기쌍인 DNA로 이뤄지며, 그중 99.9%는 누구나 같은 유전정보를 갖고 있다고 한다. 인간으로서의 개체 차이가 겨우 0.1%(300만 개)라는 얘기다. 대부분 사람이 같은 유전정보를 갖고 있는 만큼 인간의 능력과 적성에도 거의 차이가 없다는 것이 내 생각이다. 그렇다면 어째서 능력을 활짝 꽃피우는 사람이 있는가 하면 꽃을 피우지 못한 채 끝나는 사람이 있는 걸까. 이는 오로지 '얼마나 노력했는가'에서 오는 차이다. 99.9%의 유전정보가 같으므로 나머지는 노력이 좌우한다.

우리가 스즈키 이치로나 오타니 쇼헤이 같은 야구선수가 된다거나 일본 장기 역사상 첫 영세7관永世七冠이라는 불멸의 기록을 세운 하부 요시하루, 바둑과 장기계를 통틀어 역사상 처음으로 두 번의 7관왕을 달성한 프로바둑 기사 이야마 유타와 같은 사람이 되기는 어렵다.

바로 그 점에 0.1%의 차이가 있는 것이다.

물론 타고난 재능의 차이도 있겠지만, 그들 역시 노력 없이 재능을 발휘한 것이 아니다. 우리와는 다른 유전 정보에 엄청난 노력이 더해진 결과 그만큼 재능을 꽃피울 수 있었던 것이다. 이야마 기사는 중학교 1학년 때부터 프로바둑 기사가 될 때까지 스승과 무려 1,000번이 넘는 대국을 치렀다고 한다. 바둑 세계에서는 통상 스승과 제자가 바둑을 두는 것은 입문했을 때와 독립할 때 단 두 번이라고 하는데, 이야마는 어릴 때부터 스승과 1,000번 넘게 대국하는 노력을 쌓아 올리면서 타고난 재능을 연마한 것이다. 인간이 자신의 능력을 끌어올릴 수 있느냐 아니냐, 그리고 성공하느냐 못 하느냐는 오로지 자신의 노력 여부에 달렸다.

노력을 계속하면 어느 순간 자신의 수준을 뛰어넘는 능력을 발휘하여 훨씬 더 큰 성과를 올릴 수 있다. 앞서 말했듯이 DNA 램프가 '번쩍' 하고 켜지는 것이다. '내가 고작 이런 거나 하고 있다니!' 하면서 노력하기를 포기하면, DNA 램프가 꺼져 원점으로 돌아가고 그때까지 들인 노력은 수포가 되고 만다.

나의 DNA 램프가 가장 밝게 켜진 것은 업무부장이 됐을 때였다. 사장을 보좌하고 회사의 사업 전체를 관장하는 직무로 책임이 매우 막중했다. 사장 직속으로 임원 바로 전 직위이므로 일반적으로는 '사장으로 가는 등용문'이라고들 말했지만, 내게 적합한 말도 아니었고 스스로 그런 자각이 별로 없었다. 하지만 사업 전체의 좋은 정보도 나쁜 정보도 모두 업무부장에게 모이기 때문에 내가 다 알아서 정리해 경영진에게 보고하게 됐다. 그런 의미에서 회사는 내가 계속해온 노력을 높이 평가하고 신뢰해주었다고 생각한다.

입사해서 유지부에 배속됐던 초창기에는 간단한 자료 번역이나 상사가 작성한 문서를 깨끗이 정리하는 일, 견적서의 계산을 맞춰보는 일 등 잡다한 업무뿐이었다. 그래서 실은 내게도 '회사를 그만둘까' 하고 고민하던 시기가 있었다. 하지만 그 시기를 잘 넘기고 나니 이후에는 뉴욕으로 파견돼 업무 범위가 넓어졌다. 뉴욕 근무를 마치고 귀국한 후에는 식료 부서 전체로, 더 나아가 업무부장이 되고 나서는 회사 전체로 업무 분야가 점점 넓어졌다.

마음을 비우고
노력을 계속하라

나는 고등학생이나 대학생을 대상으로 강연할 때도 '노력을 계속해야 한다'고 강조한다. 그러면 간혹 이렇게 질문하는 학생이 있다.

"똑같이 수업받고 똑같이 노력하는데 친구는 항상 10등 안에 들고 저는 늘 30등 정도에 머물고 있습니다. 역시 노력만으로는 안 되는 걸까요? 재능 문제가 아닐까요?"

나는 이렇게 대답한다.

"똑같이 노력하고 있다고? 학생이 그걸 어떻게 알지?"

친구는 자신이 알지 못하는 동안에 자기보다 2배, 3배 더 공부하고 있을지도 모른다. 같은 학원에 다닌다고 해도 친구는 학원 수업을 마치고 집으로 돌아가 공부를 더 하는데 자신은 그렇게 하지 않은 게 아닐까? 집중력도 다를지 모른다. 자신은 수업 중에 다른 생각을 하고 있지는 않을까?

인간의 능력은 99.9% 똑같으므로 반드시 노력에 차이가 있을 것이다. 그러므로 우선 지금의 배 이상으로 공부하라. 열심히 하다 보면 공부 방법도 저절로 터득하게 된다. 그 정도로 하지도 않고서 나는 공부를 못하네, 재능이 없네 하고 쉽게 단정하지 마라.

일도 마찬가지다. 지금 하고 있는 일이 자신과 맞는지 아닌지를 따지기보다 자신이 정말로 노력하고 있는지를 먼저 돌아볼 일이다. 진짜 열심히 노력하는 사람은 틀림없이 회사가 지켜보고 있다. 언젠가는 반드시 상사가 중요한 업무를 맡길 것이다. 그러니 수업이라고 생각하고 꾸준히 노력하기 바란다. 처음에는 고통스러울 정도로 힘들지도 모르지만 매일 계속하는 동안 일이 차츰 즐거워질 것이다.

프로야구 요미우리 자이언츠의 감독이었던 가와카미 데쓰하루는 현역 시절에 '타격의 신'이라고 불렸다. 감독 시절에 V9(센트럴리그에서 1965년부터 1973년까지 9년 연속 우승한 일을 가리킴-옮긴이)를 달성하고 자이언츠 군단의 황금기를 구축한 인물이기도 하다. 그가 '타격의 신'으로 불리게 된 비결도 날마다 노력한 데 있었다. 그는 자이언츠 연습장에서 공 300개를 연속해서 치면서 연습하기도 했는데, 당시 타석에 서면 야구공이 마치 멈춰 있는 것처럼 보였다고 한다.

나는 가와카미 감독과 함께 술을 마시면서 환담을 나눈 적이 여러 번 있는데 그가 이런 이야기를 들려주었다.

연습에는 3단계가 있다. 1단계는 기본 연습을 철저히 하는 것이다. 지쳐 쓰러질 때까지 배트를 휘두른다. 원래 프로라면 누구나 하는 일이라고 한다. 그가 대단한 점은 지쳐 쓰러져도 다시 일어나 연습을 계속했다는 사실이다. 이것이 2단계다. 그렇게 계속해서 지친 상태를 초월하면 어느 순간 자신을 잊는다고 한다. 이 상태가 바로 3단계로 '삼매경'에 빠지는 경지다. 그저 배트를 휘두르는 것이 즐거워 지치는 줄도 모르고 고통도 잊는다. 이 경지에 이르기까지 연습을 계속한 결과 타석에 들어섰을 때 공이 멈춘 것처럼 보였다고 한다.

일을 할 때도 삼매경에 빠질 정도로 노력을 계속하면 고통이 아니라 즐겁다고 느끼게 된다. 노력한 결과 좋은 성적을 올리고 "다시 봤어. 정말 대단한걸" 하는 칭찬을 받기 때문이다. 급여도 오를 수 있고 동기보다 일찍 승진할 수도 있다. 그런 눈에 보이는 대가로 동기가 부여돼 일이 좋아지는 사람이 있는 것이 사실이다. 하지만 거기에는 함정도 있다. 너무 칭찬만 받다 보면 칭찬받는 것이 일의 목적이 되고 만다는 것이다.

한 예로, 매출과 이익이 해마다 증가하는 우수한 부서의 책임자가 된 사람은 매출과 이익 증가 상태를 계속 유지하지 못하면 무능하다는 평가를 받고 좌천당할 수도 있다. "당신이 책임자가 된 후로 실적이 나빠지지 않았나?"라는 질책도 따를 것이다. 그런 입장에 놓인 책임자는 고민에 고민을 거듭한 나머지 칭찬을 받기 위해 나쁜 마음을 먹게 되고, 매출과 이익을 부풀리는 분식회계를 저지르기도 한다.

실패하는 일 없이 항상 칭찬만 받아온 사람 또는 실적이 너무 뛰어난 부서나 기업이 빠지는 함정이 바로 그것이다. 내가 사소한 실패는 많이 겪으라고 얘기하는 것도 그 때문이다. 노력을 계속함으로써 자기 일을 좋아하게 되고, 열심히 애쓴 결과 좋은 실적이 자연히 따라오는 것이 바람직하다.

가와카미 데쓰하루도 이렇게 하면 타율이 3할대로 오른다거나 수위타자가 될 수 있다는 욕심을 품었던 게 아니다. 마음을 비우고 공 300개를 연속으로 치는 노력을 거듭하다 보니 공이 멈춰 있는 듯이 보이는 경지에 이르렀고, 마침내 '타격의 신'이라고까지 불리게 된 것이다. 욕심에 눈이 가려지면 진정한 프로가 될 수 없다. 모든 일을 그렇게 생각하면서 DNA 램프가 켜질 때까지 마음을 비운 상태로 노력을 지속하는 것이 중요하다.

단 DNA 램프가 켜지는 때가 한 달 후가 될지, 1년 후가 될지, 10년 후가 될지는 아무도 모른다. 거기에는 마음의 문제도 얽혀 있기 때문이다. 과장이 되기 직전일 수도 있고 부장이 되고 나서일 수도 있다. 어쩌면 정년이 다 되어서일 수도 있고 죽기 직전에 '번쩍' 하고 켜

질지도 모른다. 그래도 끝까지 계속해나가는 것, 그것이
멋진 인생이 아닐까.

남 탓 증후군에서
빠져나와라

원하는 대로 되지 않는 일이 있을 때 그것은 자신의 탓이 아니라 상사가 무능해서, 부하가 잘못해서 또는 회사에 문제가 있어서라며 '잘못한 것은 전부 다른 사람'이라고 생각하는 이들이 있다. 바로 '남 탓 증후군'에 빠진 사람들이다. 이들의 머릿속을 들여다보면 이런 생각이 들어 있다.

'내가 실력을 발휘하지 못하는 것은 상사가 인정해주지 않기 때문이다.'

'일이 잘 풀리지 않는 것은 동료가 협조해주지 않기 때문이다.'

'내 능력을 살리지 못하는 것은 회사가 공정하게 평가해주지 않기 때문이다.'

만약 당신이 남 탓 증후군에 걸려 있다면, 그 원인이 자신에게 있는 것은 아닌지 한번 생각해보자. 시선을 다른 사람에서 자신으로 돌리라는 얘기다.

'상사가 인정해주지 않아서'가 아니라 자신이 제대로 일을 하지 않았거나 태만했던 탓은 아닐까. '동료가 협조해주지 않아서'가 아니라 자신의 노력이 부족했기 때문은 아닐까. '회사가 공정하게 평가해주지 않아서'가 아니라 자신의 기술이나 능력이 높이 평가받을 만큼 충분한 수준에 미치지 못하기 때문은 아닐까. 일이 잘 풀리지 않을 때는 먼저 자신부터 냉정하게 돌아볼 줄 알아야 한다.

인간이라는 존재는 변명의 천재다. 안 되는 이유, 하지 않는 핑계를 대자면 얼마든지 댈 수 있다. 하지만 겸허하게 되돌아보면 무엇보다 자신한테서 문제점을 찾을 수 있을 것이다. 다른 사람이 잘못했다고 생각하는 것은 구실에 지나지 않고 실은 자신에게 원인이 있는 건 아닌지 자문해보라. 타인의 행동은 바꿀 수 없지만 자신의 행동은 스스로 바꿀 수 있다. 자신을 바꿀 수 있느냐 없느냐는 오로지 자신에게 달렸다. 자신을 바꾸려는 노력이야말로 성장을 위한 첫걸음이다.

내가 본 바로는 남 탓 증후군에 걸린 젊은이가 점점 늘어나고 있는 듯하다. 가정에서도 학교에서도 과보호 속에 자라난 까닭에, 일이 의도한 대로 되지 않으면 자신이 어디서 뭘 잘못했는지를 돌아볼 생각은 하지 않고 무조건 주변의 탓으로 돌린다. 그래야 편하고 자존심도 상처받지 않기 때문이다. 오냐오냐 다 받아주면서 유약하게 키운 부모와 교사에게도 책임이 있다.

남 탓 증후군인 사람들은 우울증에 걸리기 쉽다고 한다. 보통 우울증으로 진단받는 사람 중에는 지나치게 성실하고 책임감이 강한 사람이 많다고 알려져 있다. 일이 잘 되지 않으면 '내 잘못이다. 나는 구제불능이다'라는 생각에 빠져 우울해지고 스트레스를 받는 것이다. 그런데 요즘은 '내 탓이다'가 아니라 '주변 탓이다'라는 생각에 불만을 느껴 발병에 이르는 새로운 형태의 우울증이 20~30대 사람들에게 늘고 있다고 한다. 이런 사람들은 의사나 심리 상담사와 상담을 할 때 '그 사람이 나쁘다',

'그 녀석 탓이다'라며 주변 사람에 대한 짜증을 드러낸다고 한다. 또한 회사에 있을 때는 몹시 우울한 상태지만 퇴근 후나 휴일에는 아주 기분이 좋아서, 몸이 아프다는 핑계로 회사에 휴가를 내고 쉬는 일도 있다고 한다. 그래서 곁에서 보는 사람은 마음의 병이 아니라 단순한 농땡이일 뿐이라고 여기기 쉽지만 본인은 너무나도 괴로워하는 경우가 적지 않다고 한다.

이렇듯 모호하기만 한 '마음의 병'을 어떤 기준으로 판단해야 할까. 40~50년 전처럼, 일하는 목적 중에서 먹고사는 것이나 돈을 모으는 것의 비중이 클 때는 마음의 병 같은 문제가 크게 불거지지 않았다. 풍요로운 세상이 되면서 정신적인 측면의 비중이 커진 것이다.

내 생각으로는 다른 사람에게 "당신은 마음의 병을 앓고 있어"라는 말을 들으면 심리 상태가 더 악화될 것 같기도 하다. 반면 기분이 가라앉아 있거나 울분을 품고 있을 때 누군가에게 "정말 대단한걸", "혹시 천재 아니야?"라는 말을 들으면 정말 그런 기분이 들면서 심리 상태나 성격까지 확 바뀌지 않을까. 실제로 내게 그런 경험이 있다.

초등학생 때 나는 착실하고 얌전해서 부모나 학교 선생님이 하라고 지시한 일은 "예"라고 하며 시키는 대로 다 하는 우등생이었다. 나고야시의 서남쪽 마을에서 자랐는데, 당시 우리 집은 마을에서 유일한 책방이어서 나는 언제나 '책방집 아들'이라고 불렸다. '책방집 아들'이면 당연히 행실 바른 모범생이어야 한다. 시골의 작은 마을이다 보니 어딜 가도 무엇을 해도 금세 탄로가 나서 나쁜 짓을 할 수도 없었다. 게다가 책방 이름조차 '쇼신도正進堂', 즉 '바르게 나아가라'라는 뜻이었다. 우등생인 나는 '나쁜 짓을 하면 부모님 체면이 깎일 것이다'라고 생각했다.

그런데 중학생이 되자 내 마음이 크게 달라졌다. '이제 더는 행실 바른 모범생에 얽매이지 않아도 되지 않을까?' 하고 생각하게 된 것이다. 여기에는 두 가지 계기가 있었다. 하나는 소풍에 대해 쓴 내 글을 국어 선생님이 칭찬하더니 "친구들 앞에서 읽어보렴" 하고 시켰던 일이다. 돼지도 치켜세우면 나무에 오른다고, 나는 완전히 우쭐해져서 '커서 작가가 될 거야' 하고 마음먹었다.

또 하나의 계기는 중학교 2학년 때 받은 직업 적성검

사였다. 그 검사지에는 대학교수, 변호사, 요리사, 굴뚝 청소부 등 20여 가지 직종이 나와 있었는데 나는 전교생 중에서 유일하게 모든 직업에 적합하다는 평가를 받았다.

"단 한 사람, 굉장한 결과가 나온 학생이 있습니다."

전체 조회 시간에 선생님에게 이렇게 칭찬을 들었다. 그런데 이것은 당연하다면 당연한 결과일지도 모른다. 책방집 아들답게 어렸을 때부터 남들보다 많은 책을 읽은 데다, 그 무렵에는 서점 책장에 꽂혀 있던 〈부부 생활〉이라는 성인 잡지도 가끔 읽곤 했기 때문이다. 동급생들보다 지식이 풍부하고 상당히 조숙했던 것이다.

그래도 전교생 앞에서 칭찬을 받았다는 사실이 기뻐서 '그래? 나는 뭐든지 될 수 있단 말이지!' 하는 자신감이 생겼다. 이를 계기로 나도 하고 싶은 것을 하겠다고 생각하게 됐다. 그 무렵부터 나는 다양한 친구들과 자유롭게 어울리면서 좋은 일도 하고 나쁜 짓도 하고 다녔다. 고등학생 때는 학생회장을 지냈으며, 나고야대학에 진학해서는 앞서 말했듯이 학생운동에도 참가하여 법학부 자치회 위원장과 아이치현 학생자치회 연합 임원을 맡았다. 얌전하고 온순했던 초등학생 시절의 나로서는 상상할 수도 없는 일이다.

이처럼 사람은 무언가를 계기로 싹 바뀔 수 있는 존재다. 마음의 병은 여러 가지가 있으며 그 정도 또한 사람마다 다르다. 하지만 개중에는 칭찬받은 일로 자신감을 갖게 되고 심리 상태가 호전되는 사람도 있다.

열정이 사람을 움직이고
돈도 움직인다

내가 사장으로 일할 때 어떤 부서의 부장이 경영회의에서 신규 사업계획을 제안했다. 그러나 실현하기에는 위험 요소가 너무 컸다. 나는 "안 되겠는데요. 대책이 부실하니 더 조사해 오세요" 하고 반대 의견을 냈다. 그 부장은 "알겠습니다"라고 하고는 돌아서 나가려고 했다. 그때 나는 이렇게 말했다.

"다음에는 실제로 이 계획을 맡고 있는 사람이 와서 설명하게 하세요. 신입사원이든 과장이든 상관없으니까 다음번에는 실제로 기획한 책임 담당자와 함께 오세요."

어느 부서에서나 신규 사업계획을 실제로 담당하는

사람은 과장급이다. 하지만 경영회의를 비롯한 사장 중심의 회의에는 격식을 차린다는 이유로 부장이나 본부장 또는 임원급이 들어와 설명한다. 그런데 실제 담당자가 설명하는 편이 훨씬 이해하기 쉬울뿐더러 굳이 격식을 따질 일도 아니다. 게다가 부장이나 본부장에게는 그만한 열정이 없기 때문에 "이 사업은 승산이 있습니다" 하고 설명은 하면서도 "당신이 직접 하는 건가요?" 하고 물으면 "아뇨, 저는 여러 가지 할 일이 있어서요" 하고 뒤로 한 발 뺀다. 계획한 본인에게 설명하게 하면 굉장한 열정을 갖고 있어서 "당신이 직접 하는 건가요?" 하고 물으면 "네!" 하고 의욕에 넘쳐 대답한다.

그런 이유로 임원이 설명하지 않아도 된다며 이 사업을 꼭 하고 싶다고 계획한 장본인이 설명하게 하라고 이르곤 한다. 그런데도 사장이나 전무 앞에서 설명하기가 두려운지 본인이 오는 일은 좀처럼 없다. 나는 그 점에 대해 완곡하게 주의를 준 것이다.

그 부서에서는 내가 지적한 부분을 다시 조사해서 수정한 사업계획서를 다음 경영회의에 제출했다. 이번에는 실제로 계획을 맡고 있는 과장이 설명하고 부장은 동석했다. 그런데 계획안은 아직도 리스크가 높았다. 나는 "이 부분이 여전히 부족하지 않은가요? 더 조사해서 다시 작성해 오세요. 이대로는 사업을 성공시키기 어렵습니다"라며 다시 한번 반대 의견을 제시했다.

대개는 이쯤에서 '이건 도저히 안 되겠어' 하고 포기하기 마련인데, 한 달쯤 지나자 그 부서에서는 재수정한 계획서를 또다시 회의에 제출했다.

"○○ 과장은 저번에도 왔었지요? 계획은 수정했습니까?"

계획서를 읽어보니 아직도 미흡한 부분이 있다. 회사로서는 큰 프로젝트이므로 절대 실패해서는 안 될 일이다. 나는 세 번째도 기각하면서 이렇게 말했다.

"이제 그만둡시다. 몇 번이나 수정해도 소용없지 않은가요?"

보통은 세 번이나 반대에 부딪히면 그 기획은 더는 내지 않는다. 세 번이나 고쳐도 안 된다면 나도 어쩔 수 없이 이제 그만두자고 말하는 경우가 많다. 그런데 그 부서는 웬일인지 그 사업을 해보고자 하는 열의가 뜨거웠다.

"아닙니다. 다시 한번 끝까지 보완해 오겠습니다."

설명하러 온 부장과 과장은 끈덕지게 열성을 보였다.

"좋습니다."

그들은 수정을 거듭해서 네 번째 개선안을 다시 제출했다.

수정된 계획에는 아직도 리스크가 남아 있어서 나는 또 반려했지만, 그 후 결국엔 승낙했다.

"알겠습니다. 그 부서에서 그렇게까지 하겠다고 하니, 한번 해보세요. 성공할지 실패할지는 누구도 모르지만 회사로서는 당신들의 열정에 걸어보겠습니다. 실패한다면 내가 책임을 지겠습니다."

몇 번이나 반대했는데도 포기하지 않고 도전하는 부하의 열정을 사장으로서 높이 사고 싶었다. 여기까지 왔으니 그들과 한배를 탈 수밖에 없지 않은가 하는 마음이었다.

나도 '완벽한 사업계획'을 요구한 것은 아니었다. 계획 자체는 우수한 두뇌를 가진 직원을 모아놓으면 쉽게 내놓을 수 있다. 그보다는 몇 번이나 문제점을 지적받으면서도 포기하지 않고 '하고 싶다'고 외치는 열정과 끈기에 마음이 움직인 것이다. 그들이라면 도중에 어떤 난관에 부딪혀도 결코 포기하지 않으리라는 믿음이 있었다. 일이 잘못되면 손해를 볼지도 모르지만 할 수 있는 데까지 해보게 하고 싶었다.

추진 승인을 얻어낸 부장과 과장은 안도하며 기쁜 표정으로 자신들 부서로 돌아갔다. 엘리베이터를 타고 내려가는 동안 누군가가 부서에 연락을 했는지 두 사람이 자리로 돌아가자 부원들이 모두 자리에서 일어나 손뼉을 치며 환영했다고 한다. 눈물을 흘리며 기뻐한 직원도 있었다고 한다.

나는 그 이야기를 전해 듣고 진심으로 감동했다. 이 계획을 추진하게 되기를 부서원 전체가 간절히 원하고 있었던 것이다. 그렇게 고생하고 며칠씩 철야를 해가면서 자료를 만들어도 경영회의에 올릴 때마다 반려당한다. 사장이 계속 '안 된다. 위험이 크다'라며 승인하지 않는다. 그런 상황에서는 답답하기도 하고 화도 났을 것이다. 그래도 포기하지 않고 부서가 한마음이 되어 마침내 승인을 얻어내 전원이 일어나 손뼉을 칠 정도로 감격을 맛봤다. 그들은 이 일을 평생 잊지 못할 것이다.

사업에는 이런 감동과 감격, 그 밑바탕에 흐르는 마음의 공유가 반드시 필요하다. 결과적으로 그 사업은 성공했다. 본인들도 필사적으로 매달렸기 때문에 당연한 결과라고 할 수 있다. 열정이 사람을 움직이고 돈도 움직인 것이다.

이 사례뿐만이 아니라, 계획이 완벽하지는 않아도 하고자 하는 강한 열정이 보이면 나는 "추진해보세요. 위험 요소가 있으니 힘은 들 겁니다" 하고 말한다. 만약 실패하면 그 직원의 책임이지만 결재를 한 이상 사장으로서 나도 책임을 진다. 성공하면 물론 직원의 공이다. 다만 모든 일은, 말하기는 쉽지만 행동하기는 어렵다. '실패한다면 과연 나는 책임을 질 것인가' 하고 자문했던 기억도 있다.

한편 열정이 없는 사람은 자신의 계획을 과대평가해서 갖고 오거나 다른 사람의 성공 사례를 손쉽게 흉내 내서 들고 온다. 이런 경우는 뚜껑을 열어보면 적자의 연속이다. 결국에 가서는 "성공하지 못한 것은 우리 잘못이 아니라 고객이 이 사업의 장점을 알지 못하기 때문입니다"라며 이런저런 평계까지 댄다. 그러기에 최고경영자는 제안서를 받았을 때 '이 직원은 열정을 갖고 이 사업에 매진할 것인가 아닌가'를 냉철하게 다양한 형태로 살펴본다.

　일을 성공시키는 데 가장 중요한 요소는 에너지와 열정이다. 죽을힘을 다해 물고 늘어질 정도의 열의로 매진하면 대개는 성공한다. 이런 인간의 힘은 아무리 시대가 바뀌어도 변하지 않는다. 단, '이만큼 죽을힘을 다해 애썼는데도 정말 이제는 도저히 안 되겠다' 하고 판단될 때는 미련 없이 물러나는 용기도 필요하다. 담당자로서는 '이제 와서 포기하다니!' 하고 자신의 안위를 지키려는 마음이 앞서기 때문에 선뜻 포기할 결심을 굳히지 못한다. 그러니 경영자가 결단을 내려야 한다. 물러날 용기와 결단이야말로 사장이 해야 할 중대한 일이라는 점은 과거에도 현재에도, 그리고 미래에도 다르지 않다.

비정규직이라고
모두 불행한 것은 아니다

일본 총무성의 〈2017년 노동력조사연보〉에 따르면 2017년도에 임원을 제외한 고용자 5,460만 명 중 아르바이트와 시간제 근무자, 계약직원 등 비정규직 인원수는 2,036만 명(전년도보다 13만 명 증가)으로 전체의 37.3%를 차지했다. 그 대부분이 단기간 계약으로, 기간별로 계속 갱신해야 하는 불안정한 근무 상태다. 비정규직원이 정직원이 되기는 쉽지 않다. 냉혹한 표현이지만 대부분은 몇 년 단위로 '사용하고 버려질' 수 있는 노동력이라는 뜻이다.

비정규로 고용된 사람들의 연봉은 남녀 모두 199만

엔 이하가 대부분이다. 이처럼 하루하루 생활하기에도 빠듯한 낮은 임금과 내일은 어떻게 될지 모르는 불안정한 고용 상황에서는 결혼도 할 수 없으며 아이를 낳아 키울 엄두도 내지 못한다.

후생노동성의 〈2017년도 능력개발 기본조사〉에 따르면 비정규직원까지 포함하여 계획적인 교육 훈련을 하고 있는 사업체는 정규직원만을 대상으로 훈련을 실시하는 사업체의 절반에 그쳤다. 즉, 기업은 비정규 계약직원에게는 거의 교육 훈련을 하지 않고 있다.

이런 여건에 처한 젊은이들이 20년 후에 생산 현장에서 핵심을 차지한다고 볼 때, 다음 세대의 젊은 노동자들이 '메이드 인 재팬'이라는 브랜드 파워를 유지할 수 있을까? 기업은 주식 배당이나 경영자에 대한 고액 보수에만 돈을 들일 게 아니라 인재를 육성하는 데 자금을 투자해야 한다. 눈앞의 숫자에만 급급해 교육을 소홀히 하고 '잠시 쓰고 버리기'를 계속한다면, 우수한 현장 인력이라는 일본의 강점은 사라지고 자기 목을 조르는 결과를 가져올 것이 분명하다. 나는 기업이 비정규직 제도를 전부 폐지하여 안심하고 일할 수 있는 시스템을 만들어야 한다고 생각한다.

하지만 개중에는 비정규직으로 일하는 것이 좋다는 사람도 있다. 육아나 가족 병간호와 병행할 수 있다는 것이 가장 큰 이유다. 그 외에도 싫으면 당장이라도 그만둘 수 있고, 자신의 시간을 확보할 수 있으며, 직장에서 고지식한 상사에게 싫은 소리를 들을 일이 없다는 이유가 있다. 조사에 따르면 '자신의 상황에 맞는 시간에 일하고 싶어서'라고 대답한 사람이 2,036만 명 중 539만 명으로 1위를 차지했다.

이런 자유로운 선택이 허용되는 상황에서 그럭저럭 웬만한 벌이가 된다면 정규 고용보다 비정규 고용 쪽이 행복하다고 여기는 사람도 꽤 많을 것이다. 직업 선택의 자유가 보장되고 자유로운 시간을 보낼 수 있으며 생계가 어느 정도 가능하면 그것으로 족하다는 사람이 있는 것은 이상한 일이 아니다.

세상에는 비정규직으로 일하면 낙오자이고 정규직으로 고용되면 수입이 안정되어 평생 편하다든가, 1부 상장기업(도쿄증권거래소는 1부와 2부로 나뉘어 있는데, 1부에 상장하는 조건이 더 까다롭다-옮긴이)의 정직원은 사회적 지위가 높다고 생각하는 사람이 많은 듯하다. 하지만 멀리서 볼 때 행복해 보일 뿐이고 실제로는 문제가 많다. 정규직이라고 해서 뭐가 안정되겠는가. 1부 상장기업이 그렇게도 좋은가. 남들과 같거나 그보다 조금 더 나은 직장에 취직해서 생활할 수 있는 것뿐이지 않은가. 인간으로서 그런 조건을 목표로 삼아서야 되겠는가. 앞서도 말했듯이 인간의 행복은 그런 데서 오는 게 아니다. 돈도 사회적 지위도 없는 비정규 노동자들은 불행할 거라고 단정하는 사고야말로 편견이다. 어떤 고용 형태가 좋은지는 사람마다 다르기 때문이다.

한마디 덧붙이자면 일본의 종신고용이 붕괴했다는 것도 편협한 주장이다. 종신고용은 붕괴하지 않았다. 기업에서 주류에 있는 사람들은 지금도 종신고용으로 보호받고 있다. 주류에서 벗어난 사람들이 이제 그만두겠다고 스스로 회사를 떠나는 것이다.

기술자라면 자신이 전문적으로 연구·개발하고 있던 프로젝트를 회사가 중지하는 경우에 그럴 것이다(회사로서는 종신고용을 맺고 싶어 한다. 애써 기술자를 육성한 만큼 그만두라는 말을 하기가 쉽지 않다. 다시 처음부터 기술자를 키우려면 막대한 자금이 들기 때문이다). 예컨대 지금껏 개발해오던 모터나 엔진이 팔리지 않으면 회사는 연구·개발을 중단한다. 그러면 그 업무에 집중하던 기술자는 '내가 20년이나 연구해온 과제인데 이제 와서 중지시키면 나더러 무얼 어떻게 하라는 말인가?' 하고 그만둘 수밖에 없다. 실질적인 해고다. 원자력도 마찬가지다. 원자력 발전을 연구해온 기술자들은 '이제 어디로 가야 하나' 하는 상황이 되고 만다.

기술 부문 외의 직무를 맡은 사람들도 사정은 같다. '이 사람은 열심히 키워놨는데 쓸모가 없다. 조금도 성과를 내지 못한다'라는 평가를 받으면 중요한 업무에서 배제된다. 그러면 지금까지와 같은 수준의 급여를 받을 수 없으므로 스스로 그만두는 것이다.

이런 사례가 늘어나면서 종신고용이 붕괴했다는 이야기가 확산됐다. 하지만 실제로 회사는 실력 있는 직원에게는 그에 맞는 급여를 지급하며 종신고용 형태를 유지하고 있다. 능력에 따른 격차가 현저해져 한마디로 실력주의 사회가 된 것이다. 열심히 일하지 않아도 때가 되면 급여가 오르는 일은 이제 없다.

젊을 때는
무모해도 좋다

요즘의 일본 젊은이들은 예전 세대나 다른 국가의 같은 세대와 비교했을 때 성장하려는 자세와 자신을 바꾸려는 의욕이 적어 보인다. 언제까지나 부모에게 얹혀살며 자립하지 못하고 리스크가 있는 모험은 하려 들지 않는다. 안정된 직장에 들어가 안정된 수입으로 무탈하고 평범하게 살아가는 것이 최고라고 생각하는 모양이다. 이런 사고에는 자식의 안정된 생활을 원하는 부모의 영향도 있을 것이다.

실은 나의 어머니도 그러셨다. 나고야대학을 졸업하고 고향인 나고야를 떠나겠다고 하자 어머니는 이렇게 말씀하셨다.

"뭐하러 도쿄엘 가려고 하니. 그냥 여기 살면서 은행이나 시청에 근무하든지 교사가 되면 생활도 안정되고 좀 좋아? 뭐가 불만인 거니!"

망할 일 없어 보이는 직장만 쭉 읊으신 것이다. 실제로 대학 친구들은 대부분 고향의 시청이나 은행에 취업하기로 했다. 나는 이렇게 대꾸했다.

"이런 시골에서 매일 집과 회사를 오가며 안정된 급여를 받는 생활은 너무 시시해요."

그러자 대체 무슨 생각을 하고 있는지 모르겠다며 다시 한번 안정된 생활에 대해 설교를 하셨다.

나는 '책방집 아들'로 산다는 게 답답해 견딜 수 없었다. 어디든 좋으니 나고야를 떠나 아무 간섭도 받지 않는 세계에서 생활하고 싶다는 마음뿐이었다. 대학교까지는 공부야 어디서 하든 똑같다는 생각도 있는 데다 자립할 자금이 없으니 별수 없었지만 이 기회에 고향을 떠나지 않으면 평생 벗어날 수 없을지도 모른다는 생각이 들었다. 결국 회사를 지원할 때 채용 조건으로서 나고야 외의 근무지를 희망하여 어머니의 반대를 무릅쓰고 도쿄로 나왔다.

　도쿄 미타카에 있는 독신자용 기숙사에 들어갔지만 저녁을 해 먹기가 번거로워서 기숙사 근처에 있는 술집에서 마른오징어를 안주 삼아 술을 마시며 주먹밥으로 저녁을 대신하는 생활을 계속했다. 게다가 전부 외상이었다. 당시 월급은 현금으로 지급됐는데 잔업수당을 포함한 실수령액이 2만 3,000엔에서 2만 4,000엔 정도였다. 나는 그중에서 절반을 뚝 떼어 매달 술집에 외상값을 갚았다. 고향에서 살 때는 본가가 책방이어서 공짜로 책을 읽을 수 있었지만 도쿄에서는 책값도 필요했다. 기숙사비 등을 지불하고 손에 남는 3,000엔 정도를 책값으로 쓰고 나면 그야말로 빈털터리가 됐다.

　원래 돈에 대한 집착이 없어 대학 시절에도 아르바이트로 번 돈은 전부 술값으로 써버리곤 했다. 대학 1학년 때부터 사귀던 아내와 데이트를 할 때도 항상 그녀가 밥값을 낼 정도였으니 당연히 저금은 한 푼도 없었다. 돈이 떨어지면 회사 선배들에게 여기서 2,000엔, 저기서 3,000엔씩 빌렸다. 그러다 보니 그 돈이 쌓이고 쌓여 10만 엔이 훌쩍 넘게 됐다. 5개월 치 월급과 맞먹는 금액이라 보너스를 타서 빚을 갚아도 여전히 부족했다. 할 수 없이 본가에 돌아가 어머니가 꼬박꼬박 모아둔 어릴 적 세뱃돈까지 전부 찾았지만 그마저도 도쿄에 돌아오자 순식간에 없어졌다. 다음에 고향에 갔을 때 보다 못한 할머니가 10만 엔을 주시기에 좋아라 하며 받아왔다. 그 덕에 한동안 빚 없이 지낼 수 있었다. 이런 형편이었으니 결혼할 때도 저금해놓은 돈이 한 푼도 없었다. 아내에게 반지도 사주지 못했다. 애초에 결혼 비용은 부모가 내는 거라고 생각했던 것이다. 나고야에 있는 친구가 결혼식장을 예약해주었는데 지금까지도 식장 비용을 누가 냈는지 잘 모르겠다. 아마도 절반은 아내가 내고 나머지 절반은 우리 쪽의 누군가가 내지 않았을까.

안정 지향적인 오늘날의 젊은이들은 믿기 어렵겠지만, 당시 나라는 인간은 그 정도로 대책이 없었다. 그때는 이것을 스스로 문제라고 생각하지도 않았다(게다가 부끄러운 줄도 모르고 지금 이렇게 쓰고 있다). 내가 생각해도 어처구니없는 인간이라 아내에게는 머리를 들 수가 없다. 지금도 가정에 관한 모든 일에는 내게 발언권이 없다. 어쩌면 당시 아내는 그런 나를 볼 때마다 기가 막혔을지도 모른다. 그녀는 결혼 후에도 일을 계속했다. 그리고 "월급을 받으면 절대 봉투를 열지 말고 전부 가져와요" 하고 내게 당부했다. 나는 "그렇게는 안 돼요. 술마실 일이 있으니까"라고 말하면서도 월급날이면 봉투째로 가져다줬다. 그런 다음 용돈을 받았는데 용돈이 술값과 책값으로 다 나가는 생활은 변함이 없었다. 당연히 생활은 검소했다. 내가 사장이 된 후에도 그리고 지금도 우리 집은 검소하게 생활한다. 이것이 불편하다고 생각한 적은 없다(아내는 어떨지 모르겠지만). 괜찮은 척하는 것도 아니고 과거를 정당화할 생각도 없다. 다만 진심으로 말하고 싶은 것은 '젊을 때는 무모해도 좋다. 그것이 젊음의 특권이다'라는 것이다.

오늘날의 젊은이들은 안정된 직업과 수입이 어떻다느니 돈을 모으는 일이 어떻다느니 등의 생각을 지나치게 많이 하는 것 같다. 나이 든 사람들은 돈에 관해 이런저런 불만을 가질 수 있지만 젊은이는 돈에는 그다지 신경 쓰지 않아도 된다. 어떻게든 먹고살 수 있다면 하고 싶은 일을 자유롭게 하면 된다.

물론 결혼해서 아이가 있다면 저금도 어느 정도는 계

획해야 할 것이다. 하지만 20대나 30대 때부터 노인에게나 어울릴 법한 걱정을 하고 있다면 개인으로서 성장할 수 없다. 젊을 때의 나 같은 생활은 결코 권할 만한 게 못 되지만, 몸이 건강하면 살아갈 수 있는 법이니 사치하지 말고 검소한 생활을 하면서 하고 싶은 일에 돈을 투자하는 것이 좋다.

물론 결혼한 남자 중에는 돈을 더 벌어 왔으면 좋겠다, 더 안정된 생활을 하고 싶다고 부담을 주는 아내 때문에 하고 싶은 일도 하지 못한다는 사람이 있을 것이다. "옆집은 저렇게 멋진 집에서 살고 외제 차를 타고 다니는데 당신은 이게 뭐야" 하고 싫은 소리를 듣는 사람도 있을 것이다.

내 생각에는 아내에게 그런 마음이 들게 한 남편이 잘못이다. 결혼하기 전부터 '내 수입은 이 정도다. 그 한도 내에서 어떻게든 생활을 꾸려주면 좋겠다'라든가 '나는 하고 싶은 일이 있으니까 용돈을 이 정도는 주면 좋겠다' 하는 식으로 부탁하는 것이 좋다. 아내가 허영심에 남에게 잘 보이려고 한다면 그건 남편이 변변한 일을 하지 못하기 때문이 아닐까.

나는 결혼 전부터 나의 본성을 다 보여줬기 때문에 아내가 그런 부담을 주지는 않았다. 내게 돈을 맡기면 전부 써버리라는 걸 알고 있었기 때문에 "월급을 받으면 전부 갖다 주세요. 내가 용돈을 드릴게요" 하는 생활이 자연스럽게 이뤄졌다.

요컨대 아내 앞에서는 허세를 부리지 않는 것이 좋다. 항상 '나는 이 정도 남자'라는 걸 있는 그대로 보여주면 아내도 안심할 것이고, 급여에 맞춰 어떻게 알뜰살뜰 써야 할지 계획을 세우기도 쉽다.

어쨌든 내 말의 핵심은, 젊은이라면 편안함에 안주하지 말고 에너지 넘치는 열정을 품고 살아가길 바란다는 것이다. 좋든 나쁘든 미숙하고 무모한 점이 젊은이의 특권이다. 그 특권이 사회와 국가의 미래를 밝게 한다. 나는 그 점을 크게 기대하고 있다.

3장
===

상사와 부하

끝까지 함께하겠다는
생각으로 일하라

함께 일하고 싶은
사람이 돼라

조직에서 사람은 가장 중요한 자산이다. 변동성이 있기는 하지만 '피가 통하는 고정자산'이라고 말해도 좋을 것이다. 그 자산을 얼마나 소중히 여기고 최대한 효과적으로 운용하느냐에 조직의 운명이 걸려 있다. 회사뿐만 아니라 단체 스포츠에도 적용되는 말이며, 물론 국가도 그러하다.

스포츠에서 선수라는 자산을 운용하는 사람은 첫째로 감독, 둘째는 코치다. 감독은 선수가 '이 사람을 위해 죽을힘을 다해 싸우자'라고 생각할 수 있는 사람이어야 한다. 회사라면 부하가 '월급이 다소 적더라도 이 사람

과 함께 일하고 싶다. 생사를 함께할 각오로 싸워보자'
라고 생각할 정도의 상사가 되어야 한다.

내게는 뉴욕에서 일하던 시절 곡물 선물거래에서 거
액의 평가손실을 냈을 때 내 입장에 서서 이해하고 함께
고민해준 쓰쓰이 유이치로가 그런 상사였다.

"하나도 숨기지 말고 전부 회사에 보고하게", "자네
가 해고된다면 그전에 내가 먼저 그만두겠네" 하고 격
려해준 그의 말 한마디 한마디가 큰 버팀목이 됐기에 나
는 만회의 기회를 붙잡으려는 희망을 버리지 않고 필사
적으로 노력할 수 있었다. 그에게 폐를 끼치고 싶지 않
다는 걸 넘어 내가 죽으면 다 함께 죽는다는 절박한 심
정이었다.

쓰쓰이 유이치로는 순수하다고 할까, 아주 밝은 사람
이었다. 항상 밝은 모습을 보일 수 있었던 것은 거짓말
을 하거나 숨기는 일이 없었기 때문이다. 그의 신념은
상사에게도, 부하에게도, 거래처에도, 아내에게도 거짓
말을 하지 않겠다는 것이었다. 혹여 아내에게는 비밀로
한 일이 있었을지도 모른다. 그것까지는 알 수 없지만
일에 대해서만큼은 틀림없이 한 점의 구름도 없는 사람

이었다. 나는 마음속 깊이 그를 존경했다.

그분은 나보다 열 살 정도 많지만 아이 같은 면도 있었다. 뉴욕에서 일할 때 나는 곡물 선물거래에서 매매 업무를 상담하느라 자주 그분의 도쿄 자택으로 전화를 걸었다. 뉴욕이 아침이면 도쿄는 심야다. 그는 항상 술을 마시고 귀가해 있었다.

어떤 때 내가 "이번에는 이것을 매입하겠습니다" 하고 말하면 그는 "좋아, 좋아. 자네에게 다 맡겼으니까" 하고 흔쾌히 대답한다. 그런데 다음 날 다시 전화를 하면 "왜 이런 시점에서 매입하는 건가!" 하고 묻는다. "어젯밤 말씀드렸잖아요. 좋다고, 다 맡기겠다고, 해보라고 하시지 않았습니까. 제가 마음대로 매입할 리 없잖아요" 하고 말하면 "그런 말 한 적 없네"라고 한다. 말했다, 아니다 하면서 입씨름이 계속되는데 그의 뒤쪽에서 "당신이 그렇게 말했어요"라고 하는 부인 목소리가 들렸다. 그러면 나는 "방금 사모님께서도 말씀하셨잖아요"라고 잽싸게 말하곤 했다.

우리 사이에는 그렇게 서로 마음에 있는 말을 툭툭 주고받을 수 있는 신뢰가 있었다. 나중에 그는 전무가 되고 차기 사장 후보로 주목받았으나 1987년에 출장 갔던 오스트레일리아에서 수영을 하던 중에 세상을 떠났다. 살아 있다면 분명히 사장이 됐을 것이다. 정말 안타까운 일이다.

생전의 그와 무로후시 미노루, 그리고 나는 셋이서 함께 자주 술을 마시며 어울렸다. 무로후시도 사장 후보 물망에 올랐던 사람으로 나중에 사내외의 기대를 받으며 사장에 취임했다. 내가 업무부장을 지낸 시기가 바로 그때였다.

술을 잔뜩 마시면서 우리는 이러니저러니 회사 이야기를 나눈다. 그러다가 막차 시간이 다가오면 교외에 사는 내가 슬쩍 말한다.

"그럼 저는 이만 들어가 보겠습니다."

그러면 두 사람은 이미 완전히 취해서 큰 소리로 말한다.

"갈 테면 가보라고!"

"두 분은 도심에서 사시지만 저는 다르니까요. 여기서 자면 돈이 드니까 돌아가겠습니다."

그러면서 재빨리 자리에서 일어나면, 등 뒤에서 이런

고함이 날아든다.

"돈이 뭐 어쨌다고?"

"의리 없는 놈, 맘대로 해!"

그런데 다음 날 아침에 출근하면 두 사람 모두 태연한 표정으로 "언제 집에 간 거야?" 하고 묻는다. 원래 자유로운 분위기와 관대한 사풍이 있는 회사였기에 이런 일이 드물지 않았다.

이 두 선배에게서 정말 많은 것을 배웠다. 부하가 상사에게 배우는 것은 경영 노하우나 매뉴얼 같은 형태로 된 것뿐만이 아니다. 형태나 활자로 남는 것은 누구나 배울 수 있다. 그보다도 정신, 마음, 감동이나 감격처럼 형태로는 보이지 않는 부분이 매우 중요하다.

이를테면 상사가 선두에 서서 불합리한 선례나 규칙을 깨고 모두가 불가능하다고 여겼던 일을 해냈을 때라든지, 아무도 주목하지 않는 일을 꾸준하고 성실하게 하고 있는 부하에게 "당신이 하는 건 정말 중요한 일이야"라고 격려하고, "이런 사람을 소중히 여겨야 합니다"라고 주위에 말해줄 때 눈물이 날 정도로 감동과 감격을 느낀다. 약자의 입장에 있는 직원의 방패가 되어 지켜줄 때도 마찬가지다. 부하는 '좋아, 이 사람에게 인생을 걸어보자!', '믿고 따라가는 거야!'라고 마음을 다진다. 그런 감동과 감격을 주는 사람이야말로 최고의 상사 아니겠는가. 이런 상사를 만났다면 아주 행복한 사람이다.

정치가나 관료처럼 상황이 좋을 때는 공적을 자신의 것으로 내세우고, 어려운 상황이 닥치면 제일 먼저 도망치며 부하에게 책임을 떠넘기는 사람은 그야말로 최악의 상사다. 나는 상사 복이 많은 사람이다. 회사에는 불합리한 상사도 있겠지만 존경할 만한 상사도 반드시 있다.

당신도 '이 사람을 위해서라면'이라고 생각할 만큼 좋은 상사를 만나기를 진심으로 바란다. 단, 아무리 훌륭한 상사를 만났다 해도 그 사람이 말하는 대로 다 하라는 뜻은 아니다. 그 상사에게서 얼마나 많은 마음가짐을 배울 수 있느냐 하는 것은 부하에게 부여된 과제다.

부하의 생활 이력을
기억해둬라

리더와 리더가 아닌 사람들은 어떤 점에서 가장 다를까. 리더가 되면 자신 이외의 일을 우선해야 한다는 점이 가장 큰 차이일 것이다. 신입사원 시절에는 온전히 자기 일만 생각하면 됐다. 부서 전체의 일은 부장이, 회사 전체의 일은 사장이 고민할 것이기 때문이다. 자신은 맡은 일을 열심히 하고 자신과 가족, 연인에게 책임을 지면 그만이었다.

하지만 과장, 부장급이 되면 그렇게 할 수 없다. 부하의 일은 물론이고 과나 부서 전체의 일을 생각해야 하며, 더 나아가 회사와 사회, 국가의 일까지 생각해야 한다. 책임을 지는 범위도 훨씬 넓어진다. 과장이 되면 부하를 10~20명씩 두게 되고 그들과 그 가족까지 책임져야 한다. 책임을 진다는 것은 부하의 능력을 끌어올리고 활용하는 것이다. 그러기 위해 과장, 부장급이 먼저 해야 할 일은 부하의 '생활 이력'을 머릿속에 넣어두는 것이다. 어느 대학을 나왔는지 같은 표면적인 이력이 아니라 지금까지 어떤 일을 해왔는지, 어떻게 일하고 있는지를 파악해야 한다는 뜻이다.

그때는 가능한 한 선입견을 배제하고 백지상태에서 받아들여야 한다. 부하의 어떤 한 가지 면을 보고 '이 친구는 이런 사람이다'라고 단정 지어서는 안 된다. 설령 "이 사람은 매사 흐리터분하고 일하는 게 영 신통치 않아요" 하고 일러주는 사람이 있더라도, 그 말을 곧이곧대로 받아들여 책임 있는 일을 맡기지 않는다면 공평하지 못한 처사다. 물론 자신이 한동안 부하를 관찰해서 판단한 결과라면 이야기는 다르다. 하지만 누군가에게 흐리터분하다고 평가받은 직원이라도 남들이 생각하지 못한 독특한 아이디어를 낼 수도 있고 신규 거래처를 개척하는 데 탁월할 수도 있다. 자신만의 장점을 갖고 있을지 모른다는 얘기다. 그런 장점을 찾아내 키워주는 것이 과장, 부장급이 해야 할 역할이다.

부하의 능력을 살리고 죽이는 것도 상사에게 달렸다. 부하의 인생을 짊어지고 있다고 해도 과언이 아니다. 부하의 사생활에 관해서도 어느 정도는 알아두어야 한다. 예를 들어 결혼은 했는지 미혼인지, 자녀는 있는지 없는지 또는 이혼한 지 얼마 안 되어 우울해하고 있거나 아픈 자녀를 간호하느라 힘들어하고 있지는 않은지, 아내가 집에서 부모의 병간호를 하고 있지는 않은지, 더 세심하게는 감기에 자주 걸린다거나 하는 소소한 일까지 머릿속에 넣어두어야 한다.

그러면 "아이는 좀 어때?", "가끔은 일찍 퇴근해서 아내를 도와주도록 해"라고 배려해줄 수 있고 "감기는 다 나았어? 열심히 일하는 건 좋은데, 너무 무리하지는 마"라고 격려도 할 수 있다. 그런 한마디의 배려가 얼마나 부하를 안도하게 하고 힘을 주는지 모른다.

요컨대 상대의 입장에 서서, 자신이 부하라면 상사가 이렇게 해주면 좋겠다 싶은 일을 하면 된다. 임원 자리에 오르는 사람과 부장으로 끝나는 사람의 가장 큰 차이는 그런 점에 있지 않을까 싶다. 임원이 될 만한 사람은 마음이 따뜻하다. 앞에서 말한 '개미, 잠자리, 인간'으로 보자면 피가 통하는 '인간' 단계에 오른 사람이다.

나는 뉴욕 근무에서 돌아와 바로 유지부 제1과 과장이 됐다. 9년 동안이나 미국에 있었기에 어떤 직원들이 있는지 몰라서 인사부에서 개인 이력이 기록된 자료를 받아 자세히 살펴봤다. 사진도 유심히 들여다봤다. 모두 환한 표정으로 찍혀 있지만 실제 모습은 어떨까? 사진은 별로 믿을 게 못 된다고 느낀 적도 있다.

이렇게 부하가 어떤 생활 이력을 갖고 있는지 알아보고 나서, 이번에는 개별적으로 한 명씩 면담을 했다. 사적인 질문을 던지기도 했는데 처음에는 머뭇거리는 직원도 있고 해서 한 번의 면담으로는 제대로 파악할 수가 없었다. 하지만 여러 번 이야기를 나누다 보니 각자의 됨됨이를 차츰 알게 됐다. 반년 정도에 걸쳐 진지하게 부하 한 사람 한 사람이 걸어온 과거와 지금 처한 환경을 머릿속에 집어넣었다. 그러는 동안에도 부하를 성심껏 챙겨주고 상담에 응해야 하니 윗사람 입장에 오르면 정말로 바빠진다. 하지만 그렇게 신뢰를 쌓아가지 않으면 유일하고도 최고인 회사의 '자산'을 활용할 수 없다.

상사로서 부하가 '자신을 제대로 봐주고 있다', '누구에게나 평등하게 대하고 공정하게 평가해준다', '자신을 배려해준다'는 것을 마음으로 느낄 수 있다면 신뢰도 싹트고 자연히 따르게 된다. 바꿔 말해서, 그런 상사가 아니면 부하는 따라오지 않는다.

부장이라 해도 업무 능력은 크게 다르지 않다. 차이가 있다면 따뜻한 마음을 갖고 있느냐 아니냐, 오로지 그것뿐이다.

인간으로서 마주할 수 있는
최대 인원수를 찾아라

미국의 한 조사에 따르면, 회사를 그만두는 가장 큰 원인은 급여의 많고 적음이 아니라 인간관계에 있다고 한다. 특히 상사와의 관계가 큰 비중을 차지한다. 상사와 뜻이 맞지 않는다거나 매일 불쾌한 일을 겪어 도저히 견딜 수 없어서 그만두는 사람이 30%에 이른다고 한다. 아마도 이는 어느 나라, 어느 기업이나 비슷할 것이다.

그렇다면 불만을 갖게 하는 상사란 어떤 사람일까. 다음 세 가지로 생각할 수 있다.

첫째, 인격을 무시하는 상사다. 최근 문제가 되고 있는 권력형 갑질 상사나 성희롱 상사도 이에 해당한다.

한 예로, 아침에 부하와 얼굴을 마주해도 인사 한마디 하지 않는 상사다. 부하가 "안녕하십니까?" 하고 인사를 해도 아무런 대꾸도 하지 않는다. 심지어 자신이 마음에 들어 하는 부하에게만 "별일 없지?" 하고 말을 건넨다. 회사가 어떻게 돌아가는지 부하에게 아무 설명도 하지 않는다. 실수를 해도 전혀 야단치지 않는다. 마치 '너희 같은 애송이를 상대할 것 같으냐' 하는 거만한 태도로 부하를 하찮게 여기는 상사다. 부하 입장에서 보면 이렇게 섭섭한 일은 없다.

둘째, 부하를 신뢰하지 않고 노예처럼 다루는 상사다. 일을 하면 시시콜콜한 부분까지 일일이 보고하게 한다. 부하를 격려하거나 고마움을 표하는 일도 없다. 일이 잘되면 자신의 공으로 돌린다. 이런 상사 밑에서 일한다면 하루하루가 고통스러울 것이 틀림없다.

셋째, 절대 칭찬하지 않는 상사다. 뭘 해도 화만 낸다. 조금이라도 문제가 생기면 바로 "멍청한 놈! 무슨 짓을 하는 거야!"라는 호통이 날아온다. 그런 대우를 받는 부하는 '저 인간 꼴도 보기 싫어' 하는 마음이 생길 게 뻔하다. 이런 상사 밑에서 일한다면 아무리 급여가 많아도

'이 사람을 위해서 일을 하자' 하는 마음이 들 리가 없다. 회사에 대해서도 마음이 떠나기 쉽다.

나는 입사했을 무렵 상사를 보고 '이분을 위해서라면 설사 직장을 잃어도 상관없다'라고 할 정도의 심정으로 일했다. 그렇게 하지 않으면 내 인생이 아깝다고까지 생각했다. 진정으로 이상적인 상사와 부하의 관계란 그런 마음으로 이어져야 한다고 믿는다. 그러기 위해서는 부하 한 사람 한 사람과 성심껏 마주해야 한다.

다만 사람이 한 번에 파악할 수 있는 인원수에는 한계가 있다. 직접 다스릴 수 있는 부하의 수는 조직 내 상하 체계에 따라 피라미드식으로 늘어난다. 과장 때는 10~20명, 부장이 되면 30명 정도의 부하가 생긴다. 본부장이 되면 60명 정도로 늘어나는데 이 인원을 혼자 이끌어가기는 상당히 어렵다. 회사에서도 관공서에서도, 리더가 통솔할 수 있는 조직의 최대 단위는 보통 60명이라고 알려져 있다.

하지만 내 경험에 비추어 보면 부하 개개인의 생활 이력과 그때그때의 상황을 파악하여 깊이 있게 마주할 수 있는 인원수는 기껏해야 30명이다. 그 이상으로 늘어나면 조직을 나누거나 관리직을 늘리는 등 체제를 새로 정비하는 편이 좋다. 아래에서 위로 메시지가 전달되기까지 몇 단계나 거쳐야 하기 때문에 처음에 '희다'라는 내용의 보고가 사장에게 이를 때는 '검다'라고 둔갑하는 식의 일이 종종 일어나기 때문이다.

게다가 인원이 많다 보면 1년이 지나도 '어? 이런 직원이 있었나?' 하고 누가 누구인지 헷갈리기도 하고 독신인 부하에게 "부인은 잘 지내시지?" 하고 엉뚱한 질문을 할 가능성도 있다.

60여 년 전에는 초등학교와 중학교의 한 반 학생 수가 50~60명이었다. 한 학년의 학급 수가 열 개가 넘는 게 보통일 정도로 아이들이 많았다. 최근에는 저출산화와 정부의 교육 방침에 따라 한 반에 30명 정도가 됐는데, 개개인에게 맞춰 더욱 꼼꼼하게 지도하기에는 30명도 많다고 한다. 이처럼 어떤 조직이든 한 사람이 파악할 수 있는 인원수에는 한계가 있다.

또 한 가지, 부하를 통솔할 때 주의해야 할 점은 상사와 부하의 관계가 서로의 직무나 회사의 규모 또는 기업의 분위기나 문화에 따라 다르다는 사실이다.

예를 들어 "부인은 잘 지내셔?", "아이들은 잘 크고?" 하고 과장이 부서원에게 안부를 묻는 경우는 있지만 본부장이 부장에게 이렇게 묻지는 않는다. 또한 중소기업이라면 부하는 상사가 세심한 데까지 신경 써주는 질문을 하면 기뻐할지 모르지만 대기업에서는 '왜 그런 사생활까지 일일이 물어보지?' 하고 꺼릴 수도 있다. 그런 의미에서는 대기업 직원 쪽이 고독하다고 볼 수도 있다. 물론 이 또한 각 회사의 분위기와 문화에 따라 상당히 다르다. 중소기업 중에서도 상사와 부하의 관계가 사무적인 곳도 있고, 대기업이라도 상사와 부하가 사적인 일까지 서로 이야기하며 지내는 곳도 있다.

외부 전문가를 임원으로 영입한다고 해서 회사가 반드시 잘되는 건 아니라는 이유 중의 하나가 바로 이것이다. 상사와 부하의 관계는 회사의 분위기나 문화에 따라 다르기 때문에 그 상황을 제대로 파악하지 못하면 실패하기 쉽다.

인정하고, 맡기고,
때맞춰 칭찬하라

부하 직원을 가르쳐서 키우고 일을 잘하게 하려면 상사는 어떻게 해야 할까. 앞서 언급한 '부하에게 불만을 갖게 하는 상사의 세 가지 유형'과 반대로 하면 된다.

첫째, 부하를 무시하지 말고 인간으로서 인정해야 한다. 나는 자주 "부하를 키우려면 자신이 한의사가 되어야 합니다"라고 말한다. 문진, 촉진과 마찬가지다. 눈에 띄는 변화가 없더라도 부하의 모습에 늘 신경을 써야 한다. 오늘은 왠지 기운이 없다든가 어제의 작은 실수를 맘에 두느라 당장 해야 할 일에 집중하지 못한다는 것을 알아차렸다면 자주 말을 걸어 상태를 확인하라. 그렇게 한다고 해서 부하가 당장 달라지지는 않겠지만 조금씩 좋아질 것이다. 누구에게나 자존심이 있다. 말 한마디를 걸어주고 늘 지켜보고 있다며 신뢰를 전달하면 상대는 자신의 존재가 인정받고 있음을 실감하게 된다.

둘째, 노예 부리듯 지시만 할 게 아니라 일을 전적으로 맡기는 것이 좋다. 상사에게 신뢰받고 있다는 실감은 의욕을 북돋운다. 어떤 단계에서 일을 맡기면 좋을지 그 지혜를 전통 건축목공 장인인 니시오카 쓰네카즈와 시오노 요네마쓰의 《나무에게 배운다》에서 찾을 수 있다. 니시오카는 나라현 호류지 금당과 야쿠시지 금당을 재건하여 살아생전에 전설이 된 장인이다. 인재를 육성하는 방법에 관해 나는 이 책에서 많은 지혜를 배웠다.

니시오카는 목수의 우두머리인 도편수로서 "능숙해진 후에 맡기지 말고 미숙할 때 맡겨라"라고 조언한다. '이 사람은 이미 제 몫을 충분히 한다. 무슨 일을 맡겨도 안심할 수 있다'라고 생각돼야만 일을 맡기면 안 된다는 뜻이다. 미숙할 때 맡기면 본인의 능력이 부족함을 자각하고 열심히 노력해서 성장해나간다. 반대로 성숙한 인간에게 일을 맡기면 교만해져서 능력을 온전히 발휘하지 못하는 일이 벌어진다.

　나 역시 부하를 키울 때 일정 기간 함께 일하면서 신뢰할 수 있다고 판단한 인재에게는 미숙한 부분이 보여도 100% 일을 맡겼다.

　"책임은 내가 지겠다. 모두 너에게 맡길 테니 결과만 충실히 보고해."

　그러고 나서는 일절 참견하지 않았다. 항상 누군가가 확인해주겠거니 생각하면 얼마나 최선을 다할지 모르기 때문이다. 조직이든 개인이든 가장 중요한 것은 신용과 신뢰다.

　젊은 직원의 경우라면 입사 3년이 지날 무렵부터 과감히 일을 맡기는 편이 좋다. 그렇게 하려면 용기가 필요하지만 업무를 일일이 가르칠 것이 아니라 자신의 노력으로 성장해가도록 이끌어주는 방식이 더 효과적이다.

　능력을 볼 때 아직 멀었다고 생각되는 단계에서 부하에게 일을 맡기는 데에는 결단도 필요하다. 무심코 '내가 하는 게 더 빠르고 마음이 놓이지' 하고 생각하게 되지만 부하의 장래에 기대를 걸고 있다면 자신이 직접 하기보다는 부하에게 시키는 편이 좋다. 물론 중요한 프로젝트를 미숙한 사원에게 맡길 수는 없다. 다소 실수를 해도 어떻게든 수습할 수 있거나, 자신이 나침반을 보고 있으면 어느 쪽으로 향하는지 알 수 있는 소소한 안건부터 시작하는 것이 좋다. 단, 맡길 때는 가능한 한 100% 맡겨라. 그렇게 해서 자신의 힘으로 성장한 사람일수록 발전 가능성이 더욱 커진다.

또한 부하에게 일을 맡길 때는 독특한 습관이나 강한 개성을 지닌 인재도 꺼리지 말고 활용해야 한다.《나무에게 배운다》에는 나무의 특질을 파악해서 건물로 살리는 이야기가 나온다. 니시오카 도편수가 이렇게 말한다.

"구부러진 나무는 쓸 만하지 못하다는 생각은 편견이지. 구부러져서 사용하기 어렵긴 하지만 잘만 활용하면 뛰어난 재목이 되거든. 그런 재목을 포기하거나 뽑아버리면 좋은 건축물을 지을 수 없네."

사실 이 지혜는 호류지가 1,300년이 넘도록 늠름하게 자리하고 있는 비밀을 푸는 열쇠다. 이 말은 부하를 키우는 데에도 똑같이 통한다. 상사의 눈에는 결점으로 보이는 독특한 습관이나 강한 개성을 지닌 부하라도 그 습관과 개성을 활용하면 오히려 색다른 발상으로 일할 수도 있다.

　반대로 아무런 특색이 없이 곧게 뻗은 나무 같은 우등생만 등용하면 일이 획일화되고 조직은 유연성이 부족해질 것이다. 그런 조직은 의외로 취약하다. 부하의 개성을 꿰뚫어 보고 인재를 활용하면 우등생만 있는 조직보다 다양하고 풍부한 일을 해낼 수 있어 조직이 유연하고 강해진다.

　셋째, 부하를 칭찬해야 한다. 부하가 열심히 일하면 모든 사람 앞에서 "정말 잘했어" 하고 칭찬해라. 중학생 때의 나처럼 칭찬을 받으면 누구나 능력을 최대한 발휘한다. '좋았어! 더 힘내자!' 하는 의욕이 솟아나기 마련이다.

　다만 너무 자주 칭찬하면 소용이 없다. '잘했네', '대단한걸' 같은 말은 가끔 해야 효과가 있다. 때에 맞춰 칭찬하라. 그러면 부하는 반드시 자신의 능력을 충분히 발휘할 것이다. 단, 상대가 너무 기고만장해질 만한 칭찬은 하지 말아야 한다. 사람들 앞에서 유난스럽게 칭찬을 받으면 거북해할 수도 있고, 다른 한편으로는 겸손한 마음을 잃을 수도 있다.

인정하고, 맡기고, 중요한 순간에 칭찬하라. 이 세 가지를 실천할 수 있는 상사라면 부하는 급여가 다소 불만스럽더라도 '이 회사에서 일하길 잘했다', '일이란 힘들지만 즐거운 것이다'라는 만족감이 생겨 쉽게 그만두지 않을 것이다. 이런 행복감을 주는 상사가 늘어나면 늘어날수록 인재가 육성되고 회사는 발전한다.

능력은 타인이
평가하는 법이다

지금까지 이상적인 상사의 모습을 설명했는데, 그렇다면 부하는 상사를 어떻게 대해야 할까? 이에 대한 답은 '지시받은 일을 확실히 한다'는 것밖에 없다. 지시받은 일을 제대로 수행해서 상사와 주변 사람들의 신뢰를 얻어야 한다.

당신은 "이미 그렇게 하고 있습니다"라고 말할지도 모른다. 하지만 해가 지날수록 일의 수준이 높아진다. 같은 일을 10년 동안 하면 어떤 부분에서는 상사보다 부하가 더 정통할 정도로, 일을 하는 실력이 깊고 넓어진다. 5년이 지나고 10년이 지나도록 실력이 깊어지지도 넓어지지도 않고 기계처럼 똑같이 하고 있다면 자신의 능력과 일에 대한 자세에 문제가 있지는 않은지 살펴봐야 한다.

또한 '나는 열심히 일하는데 과장님이 그만큼 평가를 해주지 않아'라든가 '과장은 내 동기한테는 일을 맡기면서 나한테는 전혀 맡기지를 않네. 능력은 별로 차이가 없는데 말이지' 하고 불만을 품고 있는 사람도 있을 것이다. 특히 대학을 우수한 성적으로 졸업한 사람은 자신이 생각하는 만큼 상사가 올바로 평가해주지 않는다는 생각으로 고민하기도 한다.

"지금 상황을 보면 편애가 아닌가요?" 하고 과장 위의 상사인 부장에게 불만을 말하러 가는 사람도 있을지 모른다. 하지만 그래 봐야 부장에게 "당신은 스스로 부끄럽지 않을 정도로 제대로 일하고 있다고 말할 수 있나?" 하는 질문을 받는 게 고작일 것이다.

내가 부장이라면 이렇게 지적하겠다.

"당신은 자기 능력을 스스로 평가하는 것 같군. 하지만 능력은 타인이 평가하는 거지 자신이 평가하는 게 아니야."

비즈니스 세계에서는 자기평가가 아무런 도움이 되지 않는다. 예를 들어 자신이 일을 완벽하게 했다고 생각하는 경우 자기평가는 150점 정도가 되겠지만 타인이 내린 평가는 기껏해야 70~80점이다. 즉, 자기평가는 보통 타인의 평가보다 2배 정도 후하다.

자신의 능력을 스스로 평가하는 사람은 타인의 평가에 불만을 품고 '상사는 나를 제대로 알아봐 주지 않아', '회사가 잘못한 거야'라고 생각한다. 남 탓 증후군이나 다름없다. 옆에서 보기에는 자만이고 자신감 과잉에 지나지 않는다.

특히 회사에 들어간 지 얼마 되지 않았을 때는 자신의 능력을 과대평가하기 쉽다. 학생이던 때 시험점수나 등급 등 알기 쉬운 수치로 명확하게 자신을 평가받는 데 익숙했기 때문이다. 하지만 사회에 나오면 누가 봐도 알수 있는 상대적인 수치는 존재하지 않는다. 학교 시험이아닌 만큼 업무 하나하나를 그때마다 평가받지도 않는다. 학생 때 시험 점수를 잘 받았던 사람일수록 그 점을 착각하는 경우가 있다.

회사든 관공서든, 조직은 사실 본인이 생각하는 것 이

상으로 그 사람을 제대로 판단한다. 물론 상사도 사람이므로 누군가를 좋아하고 싫어할 수는 있다. 특정 상사가 자신을 귀여워할 수도, 싫어할 수도 있다는 얘기다. 하지만 설사 그런 일이 생긴다 해도 오래가지는 않는다. 상사는 몇 년 단위로 이동하고, 자신이 다른 부서로 가게 되기도 해 선배나 동료가 바뀌기 때문이다. 직장의 인간관계는 끊임없이 변화한다. 그런 가운데 평가가 다소 오르락내리락하기는 해도 결국 평균화되어 실제와 거의 일치하는 수준으로 자리 잡히기 마련이다.

그러므로 상사나 부서가 여러 번 바뀌어도 여전히 70~80점의 평가라고 한다면 그 점수가 자신의 실력인 것이다. 인정하기 싫을지 몰라도 자신의 능력과 일하는 방식에 문제가 있는 것은 아닌지를 살펴야 한다. 우선은 정말로 온 힘을 다해 일하고 있는지 자신을 되돌아보라. 그런 자기 성찰의 과정 없이 무조건 상사의 탓으로 돌리거나 동료가 협력해주지 않는다고 원망하면서 이를 문제라고 생각하는 사람은 자신뿐이다. 냉정히 말하자면 타인이 보기에는 전혀 문제가 아니다.

일에 대한 자신의 자세를 돌아보고 그래도 여전히

'내 평가는 150점이다. 상사가 잘못 평가한 것이다'라고 생각한다면 이직하는 것도 하나의 방법이다. 하지만 타인이 매긴 평가의 수준은 설사 다른 회사로 옮기더라도 거의 비슷하다. 다음에 가는 회사에서도 '상사의 잘못이고 주위 탓이다'라고 생각하는 상황이 벌어진다면 노력을 계속할 의욕이 아예 사라질 것이고 DNA 램프는 켜지지 않게 된다. 결국 자기 손해다.

어쨌든 상사가 지시한 일을 착실히 수행하고 진인사대천명盡人事待天命의 마음으로 눈앞에 놓인 일에 매진해야 한다. 상사에게 무조건 복종하고 아부하라는 말이 아니다. 자신이 옳다고 생각하는 일은 당당하게 주장하면 된다. 하지만 타인을 비판하기만 하고 겸손할 줄 모르는 자세에는 문제가 있다. 그런 부하 직원을 이끌어줄 만큼 너그러운 사람은 어디에도 없다. 아무에게도 적절한 조언을 듣지 못하고 모처럼의 능력을 살리지도 못한 채 끝난다면 인생의 손실이 아닌가. 자신의 능력을 겸허히 여기는 자세는 일하는 데 정말로 중요하다.

부하 직원의 무기력은
상사의 책임이다

미국의 여론조사 업체 갤럽이 세계 139개국의 기업을 대상으로 실시한 〈직원들의 일에 대한 열의도 조사〉(2017년 발표)에 따르면, '열의가 넘치는 직원'의 비율은 미국이 32%인 데 비해 일본은 겨우 6%로 139개국 중 132위였다고 한다. 한편 '주변에 불만을 터뜨리는 무기력한 사원'의 비율은 24%, '의욕이 없는 사원'은 무려 70%에 달했다고 한다.

그런데 이 조사 결과만 보고는 기업 내에서 어떤 한 부서에 유난히 의욕 없는 사원이 몰려 있는지, 아니면 여러 부서에 무기력한 사원이 한두 명씩 산재해 있는지는 알 수 없다. 만약 부원 몇십 명 중에서 한두 사람이 무기력하여 상사의 말을 듣지 않는다면 그 한두 사람에게 문제가 있는 것이 맞다. 이런 사람들은 머지않아 회사에서 다른 일을 하는 게 좋지 않겠느냐는 말을 듣게 될 것이다. 즉 이직 권유다.

반면 특정한 부서에 의욕 없는 직원이 굉장히 많다면, 예를 들어 전체 부서원의 절반 이상을 차지한다면 그것은 분명히 부서장의 책임이다. 조직의 윗자리에 있는 사람은 반드시 그런 시선으로 보고 있다. 본부장은 각 부장을, 부장은 각 과장을 보고 '저 사람의 부하는 의욕이 없는 사람들뿐이며 일에 전혀 진척이 없군'이라고 생각했다면 부장이나 과장을 다른 사람으로 바꿔야 한다.

미국에서는 하나의 부서에서 많은 직원이 그만두거나 이제 막 들어온 신입사원 여러 명이 부서 이동 신청을 내는 경우도 있다. 원인은 부장이다. 부하를 마치 길가의 돌이나 노예처럼 하찮게 취급하는 부장이거나 절대로 칭찬하지 않는 부장 때문에 벌어진 상황이라면, 이럴 때는 그 부장의 책임을 묻는다.

내가 생각하기에는 부하의 보고가 없거나 늦는 것도

상사의 탓인 경우가 많다. 이를테면 상사가 적임자라고 생각한 부하에게 일을 맡길 때 "뭔가 문제가 생기면 책임은 내가 지겠어"라고 말했다고 하자. 아마도 그 말에 거짓은 없으며 정말로 그럴 생각일 것이다. 하지만 실제로 문제가 일어났을 때 모두 자신의 책임으로 여기고 나서서 비난의 화살을 맞으며 부하를 감싸줄지 아닐지는 또 다른 이야기다.

부하가 한 일은 상사의 책임이라는 걸 이론상으론 알고 있다 해도 막상 자신이 비판을 받게 되면 의연히 받아들이기는 어려울 수밖에 없다. '왜 내가 이런 말까지 들어야 하는 거지?', '어째서 내가 이런 일을 당하는 거야?' 하고 불평 한마디라도 하고 싶어질 것이다. 그래서 감정이 날카로워진 나머지 "왜 이렇게 되기 전에 나한테 보고하지 않은 거야!" 하고 부하를 나무라기도 할 것이다.

하지만 부하가 보고하러 오지 않은 것은 평소에 상사가 말을 걸기 어려운 분위기를 풍겨서일지도 모른다. 이런 상사라면 부하는 위축되어 보고나 상담을 하러 찾아갈 용기가 나지 않을 것이다. 또는 부하가 우등생 유형인 것이 원인일 수도 있다. 상사에게 실수를 보고했다가 질책당할 것이 두려워 어떻게든 혼자 해결하려고 끙끙 거리다 시간만 끌고 사태를 악화시켰을 수도 있다. 잘못을 은폐하려는 의도가 없는데 결과적으로 그렇게 되기도 한다. 그러므로 상사는 평소에 부하들이 보고하기 쉬운 환경을 만들어야 한다. '책임은 내가 지겠다'고 멋있게 말하려면 그 정도는 해야 당연하다. 그러지 않고 왜 보고하지 않았느냐며 호통만 친다면 이는 말도 안 되는 행동이다.

보고하기 쉬운 환경을 만들기는 결코 어렵지 않다. "그 안건 어떻게 됐나?" 하고 이따금 물어보면 된다. 격식을 갖춰 문서로 보고하라고 하거나 진척 상황을 남기기 위해서 메일만을 고집하면 그렇지 않아도 업무에 쫓기고 있는 부하는 바로 대응하지 못하고 미루다가 중요한 보고 시기를 놓칠 수도 있다. 증거를 남기기 위해서 그런 문서나 메일을 요구한다면 애초에 부하를 신뢰한다고 볼 수도 없다.

물론 진척 상황을 어느 정도는 문서로 남겨야 하지만, 상황은 끊임없이 변화하기 마련이다. 실시간으로 파악하려면 잠깐 서서 이야기하더라도 "지금 어떻게 되어가지?" 하고 자주 물어보면 되는 것이다.

나는 일이 끝난 후 부하와 한잔하면서 "이번 안건은 어떤가?" 하고 물어본다. 내가 무뚝뚝한 편이라 보고하기 어려워하는 부하도 있으리라고 생각하기 때문이다. 그렇게 자리가 마련된 김에 부하의 가족에 관해서도 이것저것 물어보면서 생활 환경이 어떤지 머릿속에 넣어 둔다. 그런 자리를 갖는 건 부하가 기대에 부응하고 싶어 열심히 일하느라 무리하고 있지는 않은지, 건강은 괜찮은지도 알 수 있어서 일석삼조다.

술을 좋아해서 하는 말은 아니지만, 그렇게 술자리를 마련해서 부하의 이야기를 들어주는 것 정도는 힘든 일이 아니며 오히려 당연하다고 생각한다. 부하와의 이런 '술자리 커뮤니케이션'에 관해서는 뒤에서 다시 얘기하겠다.

약한 사람을
괴롭히지 마라

회사에 들어와 2년째 되던 어느 날, 1년 후배인 신입사원 A가 사람들 앞에서 선배에게 괴롭힘을 당하는 장면을 봤다. 대부분 회사에서는 신입사원에게 매일 업무와 관련하여 소소한 일까지 지도해주는 담당 선배 사원이 정해져 있다. A를 괴롭히고 있는 선배는 나도 지도를 받았던 사람인데, 무엇 때문인지 A에게 고압적인 태도를 보이곤 했다.

그날도 심하게 고함을 치고 있었다.

"대체 몇 번이나 말해야 알아듣겠어! 이런 단순한 일에서 잘못을 반복하다니. 이것 때문에 우리가 얼마나 고

생하는지 알기나 해?"

본인은 후배 사원을 교육하려는 의도일지 모르지만 A
는 딱할 정도로 주눅이 들어 얼굴이 새하얗게 질린 채로
연신 사과하고 있었다.

"죄송합니다. 죄송합니다."

그런데도 선배는 지금까지 A가 실수했던 일을 줄줄
이 끄집어내면서 이기죽거렸다. 쥐 죽은 듯 조용해진 사
무실에 선배의 히스테릭한 목소리만 울려 퍼졌다.

선배의 바로 앞자리에 앉아 있던 나는 '아무리 그래
도 그렇지 너무 심하네. 신입을 이렇게까지 몰아대다니.
지식도 경험도 풍부한 당신이 이기게 되어 있잖아. 대체
언제까지 할 거야!'라는 생각이 절로 들었다. 선배는 시
간이 한참 흘렀는데도 질책을 멈추지 않았다.

마침내 더는 참을 수가 없어서 "너 이 자식, 도대체
뭐 하는 거야?" 하고 소리치면서 기세 좋게 일어섰다.
그 바람에 공교롭게도 의자가 쾅 소리를 내며 넘어졌는
데 다들 내가 의자를 발로 찬 줄 알고 소스라치게 놀랐
다. 나 자신도 '아뿔싸, 큰일 났군!' 싶었지만 이미 엎질
러진 물이었다.

"당신 말이야. 적당히 하라고! 본인도 이미 충분히 사과했고 저렇게 반성하고 있잖아!" 하고 위세 좋게 몰아세웠다. 선배는 "뭐야, 넌!" 하고 성난 얼굴을 했다. 잠깐 서로 노려봤지만 겨우겨우 사태는 진정됐다. 나중에 과장이 나를 부르더니 이렇게 타일렀다.

"아무리 그래도 선배인데 '이 자식'이 뭔가. 각자의 입장이라는 게 있는 거니까 말은 조심하도록."

그 점은 인정했지만, 전적으로 잘못했다는 생각은 들지 않았다.

"말씀하신 대로 말은 조심해야 하지만, 그래도 그런 태도는 용서할 수 없습니다."

그 사건으로 선배는 신입 지도에서 제외됐고 영국에서 귀국한 자상한 상사로 지도 선배가 대체됐다. 결과적으로는 잘된 일이라고 본다. A가 일부러 찾아와 "감사합니다. 정말 기뻤습니다" 하고 감사 인사를 하기도 했다.

지금 생각하면 부끄럽기 짝이 없는데, 나는 '권력을 내세워 약자를 괴롭히거나 불합리한 행동을 하는 사람은 용서할 수 없다. 강자에게 꼬리를 흔드는 행위는 졸

렬하다'라는 신념에 따라 행동했을 뿐이다. 나 같은 방식이 좋다고는 말하지 못하겠지만 약한 입장에 있는 부하나 후배를 소중히 여겨야 한다.

이런 내 성격은 부모님과 할머니의 영향을 받았다. '거짓말을 하지 마라, 남을 속이지 마라, 약자를 괴롭히지 마라, 항상 하늘이 보고 있다' 같은 말을 어릴 때부터 줄곧 들어왔기에 정의감이 남달리 강해졌는지도 모른다.

반골 기질 역시 가정환경에서 길러졌다. 출발점은 형제간의 대우에 격차를 느끼면서였다. 우리 집이 그렇게 가난한 편은 아니었지만 당시는 물자가 부족한 시대였다. 형, 나, 남동생, 그리고 여동생 둘, 이렇게 오 남매여서 나는 항상 형이 입던 옷을 물려받았다. 해진 부분을 꿰맨 옷은 내가 입는 동안 더 낡아져 도저히 남동생까지는 물려줄 수 없었다. 그래서 남동생은 새 옷을 입었다. 형과 남동생은 항상 새 옷인데 가운데 끼인 나만 새 옷을 입은 적이 없었다. 옷뿐만이 아니다. 어머니와 할머니는 뭔가 맛있는 게 있어도 전부 장남에게 먹였다. 당시 시골에서는 누가 뭐래도 장남이 왕이었다. '맏이는 몸이 약하니까', '우리 가족이 언젠가 장남의 신세를 지게 될 테니까' 하고 구실을 댔지만, 사춘기 무렵부터 나는 '그런 건 내 알 바 아니야. 왜 나는 차남이라고 늘 손해만 봐야 하는 거야?' 하고 불합리하다고 느꼈다.

중학생 때 소설가이자 사회교육가인 시모무라 고진의 소설 《지로 이야기》를 열중해서 읽은 적이 있다. 주인공 지로는 나처럼 둘째 아들이다. 지로가 여러 가지 괴롭힘과 고난을 겪으며 성장해나간다는 이야기다. '지로! 너도 나와 같구나. 항상 낡은 것만 물려받고…. 아! 가엾어라. 내가 하고 싶은 말을 네가 다 하는구나' 하면서 주인공에게 연민을 느끼고는 눈물을 흘려가며 읽었다.

《지로 이야기》에는 사회의 모순 탓에 고통받고 불행하게 살아가는 사람들의 모습이 생생하게 그려져 있다. 형제 사이의 대우 차별이라는 불합리함을 맛보고 독서를 통해 세상의 가혹한 현실을 알아가는 동안, 나는 모든 일을 정면에서만이 아니라 그 이면과 다른 각도에서도 생각하게 됐다. 그리고 권력에 대한 반골 기질과 약자의 입장에 서는 마음이 강해졌다.

리더는 항상 약자의 입장에 서야 한다. 상대가 어떤

권력을 쥐고 있든 인격을 부정하는 행위를 한다면, 리더로서 묵인해서는 안 된다. '내가 질 것 같으냐!' 하는 나의 반골 기질은 아무래도 그런 경험에서 생겨났으리라고 본다.

꾸짖을 때는
TPO를 생각하라

부하를 둔 사람이 가장 고민하는 일 중 하나는 부하가 일을 잘못 처리했을 때 어떤 방법으로 주의를 줄까 하는 점이다. 최근에는 조금만 꾸짖어도 금세 권력형 갑질이네, 정신적 폭력이네 하는 말이 나오는 탓인지 부하를 미온적인 태도로 대하는 상사가 많아졌다.

사원 교육은 각 조직의 윤리관과 관련된 것이므로 어떤 방법이 옳다고 한마디로 정의할 수는 없다. 하지만 지시받은 일을 제대로 하지 않아 주위 사람들에게 폐를 끼치거나 동료와 후배를 괴롭히는 행동, 거래처를 소홀히 하는 것처럼 간과할 수 없는 일에 대해서는 단단히

지도해야 한다.

그런데 최근에는 부하에게 미움받을까 두려워 항상 온화하고 자상하게만 대하는 상사가 늘고 있다. 실제로 그런 사람이 좋은 상사라고 착각하는 사람도 있다. 또한 잡지나 인터넷에 종종 실리는 '부하를 꾸짖을 때 피해야 할 말'이라든가 '소송당하지 않는 꾸중법' 같은 매뉴얼을 읽는 사람도 있다. 읽고 싶은 사람이야 읽으면 되겠지만 내 생각에는 그다지 유익하지 않을 것 같다. 일일이 매뉴얼을 보고 꾸짖을 수도 없지 않은가.

사람이 어떨 때 자존심에 상처를 입는지, 어떤 말과 행동이 인격을 짓밟는 것인지는 다양한 소설을 읽으면 얼마든지 알 수 있다. 요컨대 상식의 문제다. 공부도 독서도 하지 않으니 별걸 다 방법론으로 만들어놓은 책에 의존하는 것이다. 어쨌든, 부하에게 미움받을까 봐 두려워하는 상사 밑에서는 젊은 직원이 성장할 수 없다. 미움받을까 봐 두렵다는 것은 스스로 자신감이 없다는 증거다. 어쩌면 신입사원 교육보다 상사 교육이 시급한 게 아닐까 하는 생각마저 든다.

나는 부하를 꾸짖을 때 항상 TPO, 즉 시간Time과 장소Place와 상황Occasion을 생각한다. 구체적으로 의식하는 내용은 다음의 다섯 가지다.

첫째, 부하의 입장에 선다. 최근 실수가 잦아 계속 지적을 해주는데도 될 대로 되라는 태도를 보여 눈에 거슬리는 부하가 있다고 하자. 도대체 왜 그러는지 모르겠다는 생각이 절로 들고 실망스럽기도 할 것이다. 하지만 어쩌면 몸이 좋지 않아서 그랬을 수도 있다. 기혼자라면 가정에 뭔가 문제가 있을 가능성도 있다. 꾸짖을 때는 먼저 그런 일까지 주의 깊게 살펴야 한다.

둘째, 다른 사람 앞에서는 창피를 주지 않는다. 나는 부하가 아무리 잘못을 했더라도 모두가 있는 데서는 "그건 좋지 않군. 다시 생각해보게" 정도의 표현으로 마무리하고, 나중에 따로 불러 둘만 있는 자리를 만들어 엄하게 질책했다. 사람에겐 저마다 나름의 자부심과 자존심이 있기 때문이다. 앞에서 언급한 선배처럼 모두가 있는 자리에서 당사자의 인격을 짓밟으며 야단을 치면 권력형 갑질이 되고 만다.

셋째, 야단치기 전에 칭찬한다. "일을 참 잘하는군. 그렇지만 이건 좀 문제가 있어"와 같이 본론으로 들어가기 전에 상대의 장점을 인정하고 칭찬하는 것이 좋다. 그렇게 하지 않고 입을 열자마자 "대체 무슨 생각을 하는 거야? 그동안 뭘 배웠어?" 하며 호통을 치는 것은 권력형 폭력이라기보다 단순히 비상식적인 행동이다.

넷째, 질책하는 장소에 따라서 언어를 달리한다. 술집에서 단둘이 마주하고 있을 때는 "이 정도밖에 못 해?"라고 꾸짖더라도 부서 회의에서는 "보완책을 좀더 마련하면 좋겠군"이라고 완곡한 말투를 사용한다. 같은 부하를 질책하더라도 어떤 장소인지에 따라 말을 달리해야 하는 건 당연한 일이다.

다섯째, 꾸짖은 뒤에는 잘 다독인다. 나는 술자리를 자주 활용했다. 지금까지 잘난 척 말을 했지만 나라고 항상 냉정했던 것은 아니다. 기분이 안 좋을 때는 나도 모르게 조금 과하다 싶을 만큼 호통을 치기도 했다. 그럴 때는 스스로 반성하고 부하에게 "오늘 저녁에 시간 되나? 한잔하러 가지" 하고 반드시 권한다. 그 자리에서 "오늘은 화를 좀 많이 냈는데 그건 자네가 성장하길 바라기 때문이야. 나중에 회사의 중심이 되었으면 하는 생각에 싫은 소리도 하는 거지"라며 속내를 전한다. 그러면 부하도 "알겠습니다" 하며 응어리를 푼다.

젊은 사람들에게 내가 꼭 들려주고 싶은 말은, 상사가 부하를 꾸짖는 건 개인적으로 싫거나 미워서가 아니라는 점이다. 그 부하에게서 장래성을 보기 때문에 기대를 담아서 꾸짖는 것이다. 인재를 키운다는 것은 그런 일이다. 전혀 기대하지 않는 부하라면 야단을 치거나 화내지도 않고 그야말로 길가의 돌멩이처럼 본체만체할 것이다. 만약 당신이 조금 싫은 소리를 들을 때마다 언어폭력이나 권력형 갑질이라고 생각한다면 더는 야단치지 말라고 상사에게 솔직하게 말하라. 그러면 두 번 다시 야단맞지 않을 것이다. 다만, 상사로서도 부하에게 원망을 듣는다는 게 유쾌한 일은 아니다. 그래서 더는 야단치지 않을 테니 알아서 하라고, 당신이 어떻게 되든 이제 상관하지 않겠다고 생각할 수도 있다. 일도 더는 가르쳐주지 않게 된다. 그러면 쓸쓸하지 않겠는가.

상사에게 꾸지람을 들으면 화가 치밀기도 하겠지만 의기소침하거나 원망하지 말고 '나를 인정해주는 거구나', '나를 어떻게든 키워주고 싶은 거구나' 하고 긍정적으로 인식하고, 자신의 성장을 위해서라고 겸허하게 받아들이길 바란다. 상사의 말을 무조건 고분고분 따르라는 말은 아니다. 그럴 필요는 절대 없다. 물론 나처럼 행동해도 곤란하지만, 하고 싶은 말은 눈치 보지 말고 해야 한다. 자신이 정말로 개미처럼 일하고 있다면, 부당하다고 생각하는 일은 당당하게 지적하면 되는 것이다.

'상사가 하는 말을 무조건 따르지 않으면 출세하기 힘들지 않을까?' 하고 생각하는 사람도 있겠지만, 내가 보고 아는 한 출세하지 못한 사람일수록 그런 말을 한다. 그러면서 출세하지 못한 이유를 상사 탓으로 돌린다. 넙치처럼 납작 엎드려 위만 보고 있으면 언젠가는 당신도 윗사람의 눈치만 보고 알아서 기는 상사가 되고 만다.

술자리 커뮤니케이션을 활용하라

젊은 시절의 나는 상사에게 자주 야단을 맞았지만 밤에는 술자리에 따라가서 꽤 귀여움을 받았다. 야단맞을 때는 속으로 화가 나기도 했지만 술을 사주니까 따라갔다.

원래 학창 시절부터 나는 공부 잘하는 사람, 학생운동을 하는 사람, 놀기 좋아하는 사람 등 많은 친구를 폭넓게 사귀었다. 그래서 약간 거북하게 느껴지는 사람도 인간적으로 대하면 된다고 여겼고, 다들 가까이하기 꺼리는 사람일지라도 태어날 때부터 악인은 없다는 생각으로 대했다.

내가 상사가 되고부터는 부하를 데리고 자주 술을 마

시러 갔다. 야단친 다음 다독이려는 의도뿐만이 아니라 부하의 상황을 묻거나 격려하려는 의도도 있었다. 일하느라 힘들어 보이는 부하나 일할 의욕이 갑자기 떨어진 듯한 부하에게는 "요즘 기운이 없어 보이는데 몸은 괜찮아?" 하고 물으면서 상태를 살펴보고 고민을 들어주기도 했다. 사원은 회사의 자산이므로 신경을 써주는 것이 당연하다. 그것이 상사의 역할이자 의무다. 최근 과로사가 잇따라 일어나 사회적으로 문제가 되고 있는데, 부하의 변화에 무관심한 상사가 많은 것도 원인의 하나라고 할 수 있다.

누구나 상사가 자신을 생각해주고 있다는 것을 알면 기쁘기 마련이다. "고생이 많군. 모두 기대하고 있어" 하고 짧게나마 격려해주면 그 친구는 집에 돌아가 아내에게 "오늘 부장님에게 칭찬받았어"라며 함께 기뻐할지도 모른다. 술이 들어가면 평소에 말하지 못했던 속내를 보이기도 한다. 나는 사장이 되고 나서는 부장들에게 '부하보다 높은 급여를 받고 있으니 그런 데 돈을 쓰라'고 자주 일렀다.

요새 젊은 직원들은 상사와의 술자리를 피한다고 하

는데, 직장 밖에서 상사와 접촉하는 것은 중요한 의미가 있다. 인간은 주위 사람들에게 영향을 받고 배우면서 커가는 존재이기 때문이다.

젊은 직원이 상사와 술을 마시러 가고 싶어 하지 않는 것은 술자리 자체가 싫어서가 아니라 그 상사에게 배울 점이 없어서가 아닐까. 예를 들어 술자리에서 골프 이야기나 노는 이야기만 하는 상사라든지 자기 자랑 아니면 불평만 쏟아내는 상사라면 함께하고 싶지 않을 것이다. '아, 따분해. 이 자리가 언제쯤 끝나려나' 하고 생각하는 게 당연하다. 배울 점이 하나도 없는 그런 술자리는 그저 시간 낭비일 뿐이다. 다시 말해, 술자리가 나쁜 게 아니라 상사가 잘못하는 것이다. 상사는 부하를 사회성이 없다고 나무라기 전에, 그가 왜 회식 자리에 오지 않는지를 생각해봐야 한다.

내가 젊을 때 선배나 상사와 자주 술을 마시러 간 것은 내 돈 안 내고 공짜로 술을 마실 수 있다는 매력도 있었지만, 그보다 더 중요하게 그들의 이야기를 들으면 배울 점이 많았기 때문이다. 특히 과거의 업무 실패담은 무척 도움이 됐다. 눈물을 보이며 젊은 시절 고생한 경험을 이야기하는 부장을 보면서 '상사도 나랑 똑같은 인간이구나!' 하고 생각한 적도 있다. 그런 인생 공부를 할 수 있었다.

술은 인생이라는 책의 부록 같은 것이다. 게다가 마시면 마실수록 더 깊은 이야기를 들을 수 있다. 그런 술자리라면 부하는 자기 돈을 들여서라도 참석할 가치가 있다. 술을 마시지 못한다면 식사를 하거나 차를 마시는 자리여도 좋다. 나도 과장 시절에 과 여직원들을 데리고 디저트 카페에 간 적이 있다. 사회에서의 이런 커뮤니케이션은 상사와 부하 간의 거리를 좁혀주는 역할을 하므로 매우 중요하다고 생각한다.

싫은 상사가 있다면
반면교사로 삼아라

지금 나는 잘난 척하면서 상사의 소양과 부하의 마음가짐에 대해 쓰고 있지만, 나 또한 이런 것을 알게 된 것은 상사로서 어느 정도 궤도에 오른 후였다. 젊을 때는 정말로 건방진 사원이어서 상사에게 자주 야단을 맞았고, 때로는 마음속으로 분통을 터트리기도 했다.

어떤 회사든 훌륭한 사람이 많이 있을 것이다. 내 주변에도 본받을 점이 많은 상사가 여러 명 있었다. 존경하는 상사에게 꾸중을 들을 때는 무척 충격을 받고 마음속 깊이 반성했다. 하지만 내가 과장, 부장이 됐을 때 의외로 가장 도움이 된 것은 젊을 때 속으로 분통을 터트

리며 반항했던 상사의 존재다.

　아마 당신 주변에도 싫은 상사가 있을 것이다. 부하의 입장을 전혀 고려하지 않고 생트집을 잡기 일쑤인 상사 말이다. 금세 감정이 격해져 고함을 지르거나 사소한 실수를 집요하게 물고 늘어지는 상사, 부하의 공을 가로채거나 윗사람에게 아첨하는 상사도 있다. 이런 상사는 누구나 싫어하기 마련이다. 동료들끼리 술을 마시는 자리에서 "우리 과장 완전 짜증 나!", "진짜 비인간적인 사람이야"라면서 상사에 대한 불평불만을 쏟아낸다. 나도 이런 이야기를 하거나 들은 적이 종종 있다. 그러면서 '나중에 내가 저 자리에 올라가면 절대 저렇게는 하지 말아야지' 하고 결심했다. 즉, 싫은 상사를 반면교사로 삼았다. 지금 당신도 싫은 상사 밑에서 일하느라 힘들다면, 발상을 바꿔서 반면교사로 삼으면 된다. 그러면 그 사람 덕분에 좋은 상사가 될 수 있으니 오히려 감사할 일이다.

　훌륭한 상사를 모범으로 삼는 것은 물론 좋은 일이다. 하지만 자신이 그 입장이 되려면 5년이나 10년 또는 그 이상의 시간이 걸릴 것이다. 그때는 회사 상황이 달라질 수도 있고 시대와 함께 가치관도 바뀔 수 있다. 지금은 좋다고 인식되는 일도 가치관이 달라지면 좋지 않다고 평가될 수도 있다. 역사를 되돌아보면 그런 일은 수두룩하다. 그런데 사람이 무언가에 화가 나는 이유는 대부분 보편적이며, 시대가 바뀌어도 크게 달라지지 않는다. 그러므로 짜증 나는 상사를 반면교사로 삼아 자신을 경계하는 잣대로 활용하는 것은 매우 현실적인 배움의 방법이다.

훌륭한 상사를 만나게 됐을 때는 본받을 점을 노트에 적어두자. 과장이 되면 부하를 너그럽게 대하고 싶다거나 부장이 되면 모두에게 공정한 기회를 부여하겠다는 식으로, 자신이 그 입장이 됐을 때 따라 하고 싶은 점을 기록해두는 것이다.

머릿속에서 여러 상황을 시뮬레이션해보는 동안 부장이나 과장급으로 승진할 날이 가까워질 것이다. 훌륭한 상사를 본받으려고 해도 갑작스럽게 그대로 되지는 않을 텐데, 이렇게 미리 시뮬레이션을 반복해두면 실제로 그 자리에 올라갔을 때 바로 행동으로 옮길 수 있지 않겠는가.

또한 당신이 상사라면 부하들이 자신의 모습을 보면서 '저런 상사가 되고 싶다'라며 존경할 수도 있고, '저 사람을 반면교사로 삼아야지' 하고 생각할 수도 있다는 점을 명심해야 할 것이다.

자신의 이익보다
조직을 우선하는 사람이 리더다

인간의 본성은 어떤 동물보다 잔혹하다. 입으로는 얼마든지 훌륭한 말을 하지만, 배가 고파지면 살고자 하는 본능이 발동해 남의 먹을거리를 빼앗아서라도 위장을 채우려고 한다.

심지어는 인육까지 먹는다. 제2차 세계대전의 격전지에 있던 군대가 식량이 떨어지자 주변의 개구리와 풀을 먹다가 마지막에는 죽은 병사의 인육을 먹으며 허기를 견뎌냈다는 이야기는 잘 알려져 있다. 인간에게는 그런 잔혹성이 있기 때문에 타인의 성공을 진심으로 기뻐하는 사람은 매우 적다.

나는 그런 본성을 '타인의 행복을 알았을 때의 불행, 타인의 불행을 알았을 때의 안도감'이라고 말한다. 자기 이외의 누군가가 행복하다는 사실을 알면 질투와 시샘이 앞서고 자신을 불행하게 느끼며, 반대로 자기 이외의 사람이 불행하다는 사실을 알면 안도감을 느낀다는 의미다.

　　나는 모임에 참석할 때면 전철을 타고 모임 장소에서 가장 가까운 역까지 간다. 그리고 역에서 내려 그 장소까지 걸어서 간다. 맑은 날이든 비가 오는 날이든 늘 그렇게 한다. 입구에서 만난 사람들이 "아니, 전철로 오셨습니까?" 하고 묻곤 하는데, 그러면 나는 "당연하지. 아껴야 잘살 것 아닌가" 하고 대답한다. 상대는 "고생 많으셨습니다" 하고 인사를 건네면서 자신과 같다는 생각에 내심 안도할지도 모른다. 만약 내가 매끈한 고급 승용차에서 내렸다면 그 시선이 별로 곱지만은 않을 것이다.

　　나이가 들면 친구가 병 하나 없이 건강하다는 말을 들어도 기쁘지 않다. 주위의 누군가가 아프다는 소식을 들으면 그에 비해 자신은 아직 건강하다고 안심하는 사람이 많다. 인간이란 그런 동물이다. 누구나 질투, 시기, 뒤틀린 감정을 갖고 있으며 이는 죽을 때까지 없어지지 않는다. 리더가 되어 두각을 나타내면 사내외에서 이러 쿵저러쿵 말하는 사람이 나오고 일을 방해하기도 하는데, 다 이런 이유 때문이다.

이런 점에서, 앞으로 리더가 되려는 사람이라면 명심해야 할 세 가지 중요한 사항이 있다.

첫째, 지금 말한 잔혹성도 포함해서 인간이 어떤 동물인지를 잘 알고 그것을 항상 생각하면서 행동해야 한다.

둘째, '자신은 아무것도 모른다'는 사실을 알아야 한다. 아직도 모르는 것이 산처럼 많다고 자각하면 누구 앞에서도 겸허해진다. 뭐든지 다 안다고 자신하는 사람은 자신에 관해서조차 아무것도 모른다는 점을 드러내는 것이나 다름없다.

셋째, 자신의 이익을 우선하지 말아야 한다. 에도 시대 말기에 메이지유신을 성공으로 이끈 주역 중 한 사람인 사이고 다카모리는《난슈옹유훈南洲翁遺訓》에서 다음과 같은 말을 남겼다.

"목숨도 명예도 필요 없고, 지위도 돈도 필요 없다는

사람은 항상 다루기가 어렵다. 하지만 이런 다루기 어려운 사람이 아니면 수많은 난관에 맞서며 국가의 대업을 이룰 수 없다."

사이고 자신에게도 이런 면이 있어서 권력자들에게 다루기 어려운 사람으로 여겨지던 인물이었다. 그랬기에 개혁자가 될 수 있었을 것이다. 한 사람의 인간으로 보자면 그에게는 좋은 점도 있고 나쁜 점도 있었을 것이다.

그러나 자신의 이익을 우선으로 생각하지 않고 '온 국민이 만족할 수 있는 일을 하고 싶다. 내 몸을 던져서라도 국가와 국민을 위해 노력하고 싶다. 모두가 기뻐하는 얼굴을 보고 싶다' 하는 마음이 절실했던 것은 틀림없는 듯하다. 높은 자리에 있는 사람에게는 그런 마음가짐이 매우 중요하다.

리더는 세상과 인류를 위해 온 힘을 다하는 사람이다. 자신의 이익이나 자리를 보전하는 데에만 급급하다면 과장 역할도, 부장 역할도 제대로 수행할 수 없다. 사리사욕을 버려야 하고, 약자의 입장인 부하를 지켜야 하며, 불리한 상황에 놓이더라도 자신의 양심과 신념에 따라야 한다. 당신이 리더를 목표로 한다면 사이고가 말한 '다루기 어려운 사람'의 마음가짐에 가까워지고자 노력하기 바란다.

4장
==

조직과 개인

조직 이상으로
인간이 중요하다

신뢰, 쌓기는 어려워도
무너지는 건 한순간이다

내가 뉴욕에서 근무하던 시절, 유명한 일본 기업 X사의 사장이 회사를 방문했다. X사는 우리 회사의 중요한 고객이었다. 인사를 나눈 다음 사장이 내게 이것저것 질문을 하기에 그동안 미국 각지에서 얻은 정보와 일을 하면서 알게 된 미국인의 특성에 관해 들려주었다. X사에도 뉴욕 지사는 있었는데, 사장은 "우리 직원들은 거기까지는 모르더군요" 하면서 감탄하더니 그 후로는 뉴욕으로 출장을 올 때마다 우리 회사에 들렀다. 최근의 환율 상황은 어떤지, 미국 경제는 어떤지 등 사장이 질문을 하면 나는 아는 내용을 전부 이야기하곤 했다. 딱히 비밀 사항이 있는 것도 아니니 말이다. 그때마다 사장은 "오호! 그렇군요", "그건 몰랐는걸!" 하면서 기뻐했다. 간혹 내가 뉴욕에서 일본으로 출장을 오면 일본에 있을 때 함께 밥이라도 한번 먹자고 권하곤 했다.

드디어 9년 동안의 뉴욕 근무를 마치고 귀국하자 그가 "시간 있으면 언제든지 들러주세요" 하고 말했다. X사를 방문하면 사장 비서가 내 얼굴을 기억하고는 바로 사장실로 안내해주었다. 이때 나는 아직 과장이었는데 별다른 절차 없이 자유롭게 사장을 만나러 다녔다. X사 직원들은 '어째서 다른 회사의 과장 직급이 사장실을 자유롭게 드나드는 거지?' 하고 의아해했을 것이다.

사장은 업무상 관심 있는 주제가 있으면 "니와 씨, 잠깐 와서 이야기 좀 들려줄 수 있습니까?" 하고 나를 불렀다. 그때마다 방문해서 지금 인도는 어떤 상황이라거나 국제적으로 환율은 어떻다는 등의 이야기를 하면, 사장은 하나의 의견으로서 귀를 기울여주었다. 물론 X사에도 그 분야의 전문가는 있지만, 제품을 생산하는 회사이다 보니 세계 각국에 거래처를 두고 무역을 하는 상사보다 정보가 적었다. 내가 미국에서 일할 때 가깝게 지냈던 대기업 곡물상사는 미국중앙정보국 CIA 보다 더 많은 정보를 갖고 있다고 했을 정도다. 나는 내 업무 이외의 일도 열심히 공부했기에 다양한 정보를 사장에게 들려줄 수 있었다. 그것은 고객인 X사에도 도움이 되고 나 자신에게도 도움이 되는 일이었다.

그렇게 지내는 동안 나는 사장에게 매우 두터운 신뢰를 얻어 때로는 "경영회의에서 이런 내용을 발표할 건데 니와 씨는 어떻게 생각합니까?" 하고 자문을 요청받기도 하고, X사의 부장에게서 "참고 자료를 좀 줄 수 있습니까?" 하는 부탁을 받기도 했다.

사장이 유럽 시장을 둘러보기 위해 출국할 때 함께 가자고 해서 동행한 적도 있다. 나는 국제면허증을 가지고 있었기에 현지에서 운전기사도 했다. 사장을 벤츠 뒷좌석에 앉게 하고 독일의 아우토반을 시속 160킬로미터로 달리거나(사장은 꽤 무서워했지만), 스위스의 깊은 산속 도로를 달려 시골 민박집에서 묵으며 술잔을 나누기도 했다. 그러면서 우리 두 사람은 한층 더 가까워졌다.

상대를 위해 할 수 있는 일에 성심성의를 다함으로써 신뢰를 얻는 것이 진정한 의미에서 '고객과의 교류'

가 아닐까. 상사에서 일하는 사람뿐만 아니라 누구라도 성실히 일하다 보면 고객과 친해질 기회가 있다. 특별히 우수하지 않아도 그때마다 고객을 위한 일, 도움이 되는 일을 열심히 하면 상대도 매우 고마워하게 되어 좋은 관계를 쌓아갈 수 있다.

다만 그 열심히 하는 마음속에 사사로운 욕심이 들어 있으면 안 된다. '이만큼 친절하게 하면 뭔가 좋은 일이 있겠지'라든가 따로 뒷돈을 받겠다거나 별도의 보상을 기대해서는 안 된다. 나는 X사 사장과 그렇게 가까이 지내면서도 내 업무와 관련해서는 어떤 얘기도 하지 않았다. 그것이 올바른 교류 자세라고 생각했다. 일 이야기는 현장의 과장이나 부장과 했다. 만약 내가 체계를 무시하고 X사의 사장이나 전무와 일 이야기를 한다면 양쪽 회사의 실무자들은 불쾌할 수밖에 없다. 특히 X사의 현장에서 일하는 사람들은 '왜 사장님에게 직접 말하는 거야? 내 업무니까 나한테 말해야지' 하고 화가 날 것이고, 내가 그럴 목적으로 사장과 친하게 지낸다고 생각할 것이다. 그렇게 나쁜 인상을 주면 지금까지 쌓아온 신뢰 관계가 순식간에 무너지고 만다. 요컨대 아무리 상대에게 신뢰를 받더라도 자신의 입장을 분별할 줄 알아야 한다는 얘기다.

내가 미국에서 귀국할 무렵, 헤드헌팅 회사를 통해 스카우트 제의가 들어왔다. 뉴욕에 있는 미국 회사였는데 급여를 당시 내가 받던 금액의 3배로 10년간 보장하겠다는 것이다. 매우 파격적인 조건이었다. 어느 정도는 매력적인 제안이었기에 아내에게 의논했더니 "당신이 판단해서 결정하세요"라고 했다. 나는 어떻게 할까 고민했다. 당시 나는 서른일곱 살이었다. 계약이 종료되는 10년 후면 마흔일곱 살이 된다. 그 무렵이면 두 딸도 성인이 되므로 그런 면에서는 안심이 된다고 할 수도 있었다. 하지만 10년 후에 계약이 갱신된다는 보장은 없다. 미국 회사이므로 회사에 도움이 되지 않는다고 판단되면 바로 고용계약이 해지될 것이다. 당시의 나로서는 그동안 번 돈을 밑천으로 해서 사업을 벌일 만한 기개도, 능력도 전혀 없었다. 그리고 이토추상사가 나를 이제껏 키워주지 않았는가. 어쨌든 일단 일본으로 돌아가기로 마음먹고, 나중에 확실한 대답을 주기로 하고는 귀국했다.

돌아와 보니 모두 환영회를 열어주어서 매일 밤 도쿄

긴자에서 술자리가 이어졌다. 초밥은 맛있고 긴자는 즐거웠다. 이렇게 좋은 곳이 또 어디 있으랴. 그래서 이직 제의를 거절했다. 긴자가 아니었더라면 나는 뉴욕으로 다시 갔을지도 모른다. 우스갯소리로 들리겠지만, 사실이다.

모두 "귀국을 환영합니다!" 하며 반겨주고 화기애애하게 술잔이 오가는, 사람들과의 끈끈한 정이 있어 이곳이 즐거웠다. 미국에서는 이런 교류가 없었다. 내 주변의 미국인 간부들은 이른 아침에 유럽과 업무를 보고 나서는 미국 증권 시장이 폐장하는 오후 2시경까지 일한다. 그 후에는 느긋하게 술을 마시면서 점심을 먹고 그대로 퇴근한다. 나는 그런 생활이 그다지 매력적으로 느껴지지 않았다. 나는 그들과 함께 점심을 먹은 후 다시 회사로 돌아가 또 일을 했다. 그러니 스카우트 제의를 받아들여 미국 회사로 옮겼다면 생활이 더 여유롭고 편해졌을지도 모른다. 하지만 역시 거절하길 잘했다는 생각이 든다.

일본으로 돌아와 긴자에서 술을 마시자 정말로 마음이 놓였다. 정작 미국에 있을 때는 깨닫지 못했지만, 나

도 모르게 늘 긴장하고 있었던 것이다. 업무의 긴장을
푼다는 의미에서도 역시 '술자리 커뮤니케이션'은 중요
하다고 생각한다.

거짓말을 하면
제 발이 저린다

미국에 부임하기 전에 나는 딱 한 번 상사에게 거짓말을 한 적이 있다. 20대 후반, 유지부에서 근무하던 때의 일이다. 어느 날 상사가 물었다.

"해외 선박회사에 대금 청구는 다 끝냈어?"

콩을 운반하는 선박회사에 지급하는 비용은 예정일 수 이내에 하역하느냐 아니냐에 따라 달라진다. 예정보다 일찍 끝내면 그 대가로 선박회사에서 보너스를 받고, 반대로 예정보다 시간이 걸리면 지연료로 벌금을 내야 한다. 그 밖에도 세세한 조건과 약정이 많아 그런 항목을 모두 계산하여 각각의 선박회사에 청구서를 보내야 했다. 그 일을 내가 맡고 있었는데, 업무가 상당히 번거로워서 몇 개월이나 방치하고 있었던 것이다. 하지만 청구하지 않았다고 하면 질책을 당할 거라는 생각에 그만 "끝냈습니다"라고 대답하고 말았다. 순간 '아차!' 싶었지만 이미 엎질러진 물이었다.

끝냈다고 말한 이상, 서둘러 해결해야만 한다. 미국으로 떠날 날이 다가오고 있었기 때문에 며칠 동안 밤늦게까지 필사적으로 계산해서 허둥지둥 청구서를 보냈다. 하지만 가슴을 쓸어내린 것도 아주 잠깐, 청구서를 보낸 선박회사 중 몇 군데가 도산할 것 같다는 소문이 들려오는 게 아닌가. 그러면 청구한 돈을 받지 못해 회사는 손해를 입게 된다. 청구서를 더 일찍 보냈어야 했던 것이다. 그 사실을 이제 와서 상사에게 털어놓을 수도 없어 청구한 금액이 언제 입금될지 안절부절못했다. 거짓말한 것이 들통나면 미국 부임이 취소될지도 모른다고 생각하니 살아 있다는 느낌도 나지 않았고 술을 마셔도 아무 맛이 없었다. 우울한 마음으로 하루하루를 보냈다. 다행히도 도산 소문이 돌았던 선박회사는 다른 회사로 흡수합병되어 청구한 금액은 무사히 입금됐다. 결과적으로 나의 거짓말은 발각되지 않았다.

하지만 그 이후 나는 절대 거짓말을 하지 않겠다고 마음속으로 맹세했다. 거짓말을 하면 설령 들통나지 않는다 해도 떳떳하지 못한 심정으로 하루하루를 보내게 된다. 언제 발각될지 몰라 조마조마하고 한순간도 마음이 편치 않다. 그 일이 뼛속까지 스며들어 있기 때문이다.

그 사건을 겪은 후로는 마음이 개운해졌다. 스스로 켕기는 일이 없으니 뭐든지 마음껏 말할 수 있고, 자신감을 갖고 일할 수 있다. 다만 나는 선의에서 하는 '하얀 거짓말'은 허용될 수도 있다고 생각한다. 하지 않은 일을 했다고 말하는 것은 '검은 거짓말'이다. 사실과 다른 말을 하는 것이기 때문이다. 그와 달리 하얀 거짓말은 알고 있어도 말하지 않는 것이며, 그편이 좋을 때도 있다는 뜻이다. 도저히 말할 수 없거나 말해선 안 되는 '불편한 진실'과 직면하는 일은 누구에게나 있으며, 어쩔 수 없는 사정이라는 것도 있기 때문이다.

물론 하얗다고는 해도 거짓말인 것은 틀림없을 뿐더러 거짓은 언젠가 반드시 드러나게 되어 있다. 개인적인 하얀 거짓말은 누군가가 알아차리더라도 그다지 대수롭지 않을 것이다. 만약 몰래 비상금을 모으고 있다는 사실을 술김에 아내에게 고백했다고 해도, 부부싸움이 되어 비상금을 빼앗길 뿐이지 다른 사람에게 폐를 끼치지는 않는다. 반면 조직 내에서 하얀 거짓말이 발각됐을 때는 주위에 큰 폐를 끼치는 경우가 많다. 애초에 하얀 거짓말은 '이 사실이 들통나면 주변에 큰 폐를 끼칠 테니 아무도 모르게 혼자 가슴에 묻어두자' 하는 생각에서 나온다. 하지만 이것도 언젠가는 세상에 드러나 큰 문제가 된다는 것쯤은 현재 관료 집단이나 일부 대기업이 하는 일을 봐도 분명히 알 수 있다. 아무도 모르는 것 같지만, 반드시 누군가가 보고 있거나 어디에선가 드러나기 마련이다. 되풀이하지만 영원히 드러나지 않는 거짓말은 없다.

'동물의 피'를 제어할
이성을 갖춰라

일본을 대표하는 철강회사의 품질관리 데이터 조작, 부동산 관련 융자를 둘러싸고 만연한 지방은행의 비리, 대기업 자동차회사와 유압기기 제조사에서 일어난 성능검사 데이터 조작 등 오늘날 기업의 부정과 비리가 잇따라 발생하고 있다.

왜 이런 불미스러운 일이 끊임없이 일어나는 걸까. 이익지상주의와 성과주의에 얽매여 주가나 시장을 의식한 나머지, 눈에 보이는 성과만을 좇는 세태가 근본적인 원인이라고 할 수 있다. 경영자가 자신의 두드러진 업적을 남기려고 하거나 회사보다 자기 명예를 우선시하면서 눈앞의 결과를 내는 데만 급급한 나머지, 데이터 조작이나 분식회계를 저지르기도 하고 작은 거짓을 은폐하기 위해 더 큰 거짓을 거듭하는 일이 벌어지고 있다.

이런 취약함은 크든 작든 어떤 조직에나 존재한다. 인간의 나약함 또는 일종의 업보라고도 할 수 있다. 나는 이것을 '동물의 피'라고 말한다.

원숭이에서 진화한 원인猿人이 지구상에 등장한 600만~700만 년 이전부터 인간에게는 동물의 피가 흐르고 있다. 동물의 피를 제어하는 '이성의 피'는 인류 문명과 함께 생겨났으므로 기껏해야 1만 년밖에 되지 않는다. 그런 시간의 척도로 보면 이성의 피보다 동물의 피가 압도적으로 진하고 강할 수밖에 없고, 그렇기에 이성과 지성으로 동물의 피를 제어해야 한다. 하지만 신이 아닌 우리 인간은 자기도 모르는 새 동물의 피가 들끓어 거짓말을 하거나 타인을 모함하는 등 뭔가 나쁜 일을 저지르고 만다. 앞에서 언급한 '타인의 행복을 알았을 때의 불행, 타인의 불행을 알았을 때의 안도감', 그러니까 질투, 시기, 뒤틀린 감정도 바로 동물의 피가 저지르는 소행이다.

기업에서 일어나는 불미스러운 일도 마찬가지다. 분식회계나 정보 조작, 뇌물 수수 같은 부정과 비리를 저지르면 안 된다는 것쯤은 누구나 알고 있다. 그런데도 종종 일어난다. 회사를 위해서, 사원을 위해서, 가족을 위해서 등 핑계는 얼마든지 댈 수 있다. 하지만 골똘히 생각해보면 모든 것은 회사나 직원을 위해서가 아니라 자신의 안위와 자리 보전을 위해서다. 직속 상사에게 분식회계를 명령받았을 때를 생각해보자. '못 하겠다고 하면 지금 맡은 일을 빼앗길지도 몰라. 그러니 할 수밖에 없잖아' 하는 생각이 들어 부정에 가담하게 된다. 또는 '그런 일을 해선 안 된다고 말했다가는 좌천되고 말 거야' 하는 생각 때문에 비리에 눈감는다. 때로는 '상사가 시키는 대로만 하면 과장으로 진급되겠지?' 하는 기대로 나쁜 일에 발을 들이는 경우도 있을 것이다.

이 모든 행동은 지금의 업무와 지위를 잃고 싶지 않아서, 어떤 불이익을 당할지 몰라 두려워서, 출세하고 싶다는 사리사욕에서 비롯된 것이다. 인간은 괴로움도 그때만 지나가면 쉽게 잊는다. 이렇게 거짓말이 거듭되다가 마침내는 회사의 신용이 크게 훼손되거나 심지어

존망까지도 좌우되는 상황에 빠지고 만다. 회사와 사원, 그리고 가족에게 득이 되기는커녕 최악의 경우 회사가 도산해 없어지고 모든 사원과 그 가족이 길거리로 나앉게 될 것이다.

조직을 이루는 개체는 인간이다. 인간에게 동물의 피가 흐르고 있는 이상, 어느 회사든 악마의 유혹에 꺾여 부정이 발생할 싹은 있다. 별것 아니라고 안일하게 생각하는 곳에 함정이 도사리고 있기 마련이다.

그러므로 기업 지배구조Corporate Governance(불상사에 대처하고 경쟁력을 강화하기 위해 구축하는 기업의 의사결정 시스템-옮긴이)는 매우 중요한 의미가 있다. 하지만 어떤 훌륭한 제도와 체제를 갖춰도 그것만으로는 완벽하다고 할 수 없다. 언제, 어디서 동물의 피가 솟구칠지 알 수 없기 때문이다. '조직' 이상으로 '인간'이 중요한 이유다.

양심에 충실하게 살아야
나도 회사도 구한다

입사 3년 차이던 어느 날, 그러니까 지금부터 50년도 더
된 옛날 일이다. 옆 부서에 있는 동기 C와 함께 술을 마
시다가 놀라운 이야기를 들었다.

"실은 우리 부서에 부정이 있어. 과장님이 하청업체
에서 청구서가 들어와도 대금을 지급하지 않고 회사 몰
래 분식회계를 하려고 하거든. 게다가 자신의 안위를 지
키겠다고 분식회계의 증거가 되는 서류를 전부 나한테
맡겼지 뭐야. 나는 집에도 회사에도 둘 수가 없어서 항
상 이렇게 가지고 다녀."

C는 그 일로 매우 힘들어했다. 타고난 내 정의감이 여

지없이 솟구쳐 올라왔다.

"뭐라고? 그게 무슨 소리야! 회사에 그런 옳지 못한 일을 해서는 안 되지. 절대로 하지 마. 좋아, 알았어. 네가 말하지 못하겠다면 내가 가서 말할게."

바로 다음 날, 그의 상사를 찾아갔다.

"과장님이 하고 있는 건 분식입니다. 왜 그런 일을 부하 직원에게 시키는 겁니까?"

"뭐야, 넌. 남의 부서에 와서 무슨 소릴 하는 거야?"

그 상사는 나를 상대하지 않으려 했다.

"C는 저한테 아무에게도 말하지 말라고 당부하더군요. 상사의 명령이니까 어쩔 수 없다고 생각하는 모양이지만, 저는 같은 회사의 일원으로서 그런 일은 절대 해서는 안 된다고 생각합니다. 그래서 실례인 줄 알면서도 이렇게 찾아왔습니다."

이렇게까지 덧붙여 말했지만 전혀 해결이 되지 않았다. 오히려 그 상사는 내 직속 과장에게 항의를 했다.

"건방진 녀석. 신입 주제에 남의 부서 일까지 참견하다니 직원 단속 좀 제대로 해!"

우리 부서의 과장은 나를 불러놓고 타일렀다.

"부서마다 이런저런 이유가 있는 거야. 앞으로는 남의 부서 일에 이러쿵저러쿵 참견하지 마."

화가 치밀어 오른 나는 그들보다 한 계급 위이고 당시 미국 근무에서 돌아와 촉망받고 있는 본부장을 찾아갔다.

"음, 잘 말해주었네. 그런 부정이 외부에 알려지면 회사 전체가 분식을 한 것으로 인식되지."

그는 이렇게 말하고 부정을 저지르고 있는 과장을 불러 일을 올바르게 처리하도록 지시했다. 그런데 그걸로 끝난 게 아니었다. 나는 주위로부터 스파이라는 따가운 시선을 받게 됐고, 따돌림을 당하는 지경에 놓이고 말았다. 옆 부서에서는 "부조리한 일을 니와가 알게 되면 당장 위에다 일러바치니 주의해! 다들 그 녀석은 상대도 하지 마"라고 지시했다고 한다. 선배에게도 "네가 좀 심했잖아" 하는 말을 들었다.

다만 C하고는 이전처럼 잘 지냈다. "니와, 미안해" 하면서 그는 내게 몇 번이나 사과했다. 얼마 안 가 C마저도 자기네 부서 사람들에게 "저런 녀석하고 아직도 어울리는 거야? 그러지 말라니까" 하는 말을 들었다고 한다.

이때만큼 인간의 추악함과 어리석음을 실감한 적은 없다. '스파이로 불려도 상관없다. 젊으니까 해고가 된다 해도 어디든 갈 수 있다. 나는 옳은 일을 했으니까 마음속으로는 고발하길 잘했다며 응원하는 직원도 많을 것이다.' 나는 그렇게 생각하면서도 정말 불쾌했고, '회사라는 곳은 참 알 수 없는 곳이구나' 하고 절실히 느꼈다. 그런 경험이 있기에 사장이 되고 나서는 때때로 젊은 직원들과 술을 마시면서 평소에는 말하지 못하는 일들을 물어보곤 했다.

20여 년 전 어느 날에는 함께 술을 마시던 D가 "모 부서에서 회사 경비를 사적으로 쓴다는 소문을 들었습니다" 하고 알려주었다. 그래서 나는 사내 메일로 그와 관련된 소문을 익명으로 써서 사장 앞으로 보내라고 이르고, 누가 보냈는지는 찾지 않도록 하겠다고 약속했다. 그러고는 비밀리에 감사실장에게 메일을 보여주고 감사를 명령했다. "당신에게만 말해두는데…" 하고 운을 뗀 후, 메일에서 언급된 부서 일대를 다 조사하라고 시켰다. 주변을 전부 조사하면 반드시 알아낼 수 있기 때문이다. 감사실에서 교제비, 회의비, 교통비 등의 경비를 전체적으로 조사했더니 결국 부정이 드러났다.

주변 부서까지 모두 조사하게 한 데에는 또 하나의 중요한 이유가 있었다. 특정 부서만 중점적으로 조사하면 누군가가 밀고를 했다는 소문이 돌아 직원들 사이에서 마녀사냥이 시작되기 때문이다. 경험을 통해 그 점을 잘 알고 있었기에 매우 조심했다.

감사라는 형태로 실시한 것도 그 때문이다. 감사는 몇 년에 한 번씩 실시하게 되어 있다. 그러므로 밀고가 있었다고 단정할 수는 없다. 단 한 명의 부정 때문에 몇백 명이나 되는 직원이 감사를 받아야 했지만, 고발이 있었다고 밝히고 서둘러 특정 부서를 조사해봐야 좋을 건 하나도 없다. 경영자는 그런 데까지 신경을 써야 한다.

고발한 직원이 지목되면 그 사람은 반드시 따돌림을 받게 되므로 모두 위축되어 더는 아무도 진실을 말하지 않게 된다. 그러므로 가장 먼저 고발자의 신원을 철저히 보장할 방법을 찾아야 한다. 그러면 고발자가 회사에서 지내기 힘들어하거나 자살하는 등의 문제가 일어나지 않을 것이다. 이는 경영자의 책임이다. '마땅히 약한 자를 도와주고 약한 자의 편이 되어 생각하라.' 이런 이치를 아무도 말하지 않기에 굳이 나 같은 옛날 경영자가 이렇게 말하는 것이다.

불상사를 일으킨 기업의 경영자가 기자회견에서 머리를 숙이는 장면을 당신도 본 적이 있을 것이다. 그 기업의 내부에는 사장이 사죄하는 모습을 보면서 '그럴 줄 알았다니까' 하고 생각하는 사람이 있을 것이다. 일하는 현장에는 반드시 "이러면 안 된다고 생각합니다"라며 옳은 소리를 하는 사원이 있다. 이때 상사가 제대로 대응한다면 꼴사나운 기자회견을 하는 일은 없을 것이다. "모르면 가만히나 있어" 하고 압력을 가하기 때문에 불미스러운 일이 일어나는 것이다.

기업의 비리 문제가 터질 때마다 나는 로맹 롤랑의 장편소설 《장 크리스토프》가 떠오른다. 주인공 장 크리스토프는 자신의 마음이 이끄는 대로 정직하게 살아가느라 여러 가지 고난에 부딪히지만, 그때마다 극복하고 마침내 작곡가로 성공한다. 나는 학창 시절에 이 책을 읽고 자신의 마음에 충실하게 살아가기가 정말로 어렵다는 것을 알았다.

사람들은 흔히 "살다 보면 자신의 의지를 굽히고 타

협해야만 하는 경우도 있다. 그것을 할 수 있어야 어른이다"라고들 말한다. 하지만 그 말은 옳지 않다. 혹시 당신도 정의를 외쳤다는 이유로 옛날의 나처럼 부당한 일을 당하고 있을지 모른다. 그래도 가능한 한 자신의 양심에 충실하게 살아가려고 노력하기 바란다. 나는 그런 신념과 행동이 회사를 구하고 나아가 사회 전체를 구원하는 길이라고 믿는다.

정계 · 관계 · 재계를 불문하고, 지금도 세계 곳곳에서는 동물의 피가 들끓고 있을 것이다. 당신의 양심에 충실하되, 한 가지 명심해야 할 것은 당신을 지지해주는 선배나 상사에게 이야기해서 함께 움직여야 한다는 점이다. 정의가 반드시 이긴다고는 할 수 없다. 그러니 혼자 싸우고 혼자 감당하려 하지 마라.

분위기를 살피되
눈치는 보지 마라

'침묵의 나선'이라는 말이 있다. 자신의 의견이 소수에 속한다는 것을 알면 사람은 고립될 것이 두려워서 침묵한다. 반대로 자신의 의견이 다수의 의견과 같으면 목소리를 높여 동조한다. 그러면 소수파는 다수파에 압도되어 점점 더 입을 다물게 된다. 그 결과 다수파의 의견이 실제보다 더 지지받고 있는 것처럼 보인다. 침묵의 나선은 이런 여론의 형성 과정을 나타낸 말로, 독일의 정치학자인 노엘레 노이만이 《침묵의 나선》이라는 책에서 지적했다.

오늘날 일본이 이 상태에 가깝다. 리더의 의향인지 아

닌지는 모르겠지만, 현 정권이 탄생한 후 일본의 정치권에서는 자신들에게 좋을 대로 국가의 방향과 체제를 바꿔나가려는 움직임이 계속되고 있다. 하지만 대부분 사람은 '뭐라고 말한들 어차피 바뀌지 않는다'며 포기하고 의문도 이의도 제기하지 않는다. 침묵의 나선 현상이 점점 더 심해지는 현 세태가 나는 줄곧 마음에 걸린다.

해외에서 10여 년 만에 돌아온 친구가 이런 말을 했다.

"일본이 달라졌는걸. 사람들이 무척 얌전해졌어. 특히 젊은 사람들은 자신의 의견을 전혀 내놓지 않아."

내가 "그래? 난 별로 못 느꼈는데"라고 하자, 그가 다시 말했다.

"자네도 끓는 냄비 속 개구리와 같은 물에 있기 때문에 깨닫지 못하는 거야. 가끔 돌아와 이 물에 손을 담가보면 온도를 알 수 있지. '이런 곳에서 잘도 살아가는군' 하는 생각이 퍼뜩 들어."

듣고 보니 분명 지금의 일본인은 '끓는 냄비 속 개구리'가 되어 있다. 물이 담긴 냄비에 개구리를 집어넣고 아주 조금씩 열을 가하면, 개구리는 온도 변화를 깨닫지 못하고 헤엄치며 놀다가 결국엔 완전히 익고 만다는 비유다(물론 실제로는 개구리가 놀라서 도중에 튀어나온다). 오늘날의 일본인이 딱 그렇다. 위험한 공기가 떠다니는데도 모든 일을 깊이 생각하지 않고 그저 현상에 따라 흘러가며 살고 있는 것처럼 보인다.

이런 경향은 조직에 대해서도 똑같이 말할 수 있다. 일본인은 화목을 중시하기에 예부터 자신이 있는 자리의 분위기를 살피는 일이 예의로 인식되어왔다. 그런데 요즘은 상대의 입장을 헤아려 존중하는 태도가 지나치다 못해 안색을 살피고 눈치를 보는 지경에 이른 듯하다.

분위기를 살피는 일 자체는 별달리 나쁜 일이 아니다. 그 자리의 분위기를 파악해 대응하는 것은 사회인으로서 아주 마땅한 자세다. 하지만 주위 사람들의 안색을 살피느라 반대 의견이 있는데도 말을 꺼내지 못하는 태도는 옳지 않다. 이는 찬성하는 것이나 다름없기 때문이다. 자신의 신념을 굽히면서까지 주위에 동조할 필요는 없다.

그런데 현실에서는 어떤가. 회의 석상에서 주위 사람들의 안색을 살피는 사람이 대부분 아닌가? 내 경험에 따르면, 보통 어떤 의견에 적극적으로 찬성하는 사람은

20%이고 반대하는 사람은 10%다. 나머지 70%는 딱히 찬성도 반대도 하지 않고 대세를 따른다. 어떤 회사든 회의에 참석하는 사람은 그런 비율로 구성되어 있지 않을까 싶다.

특별히 찬성도 반대도 하지 않는 70% 중에는 두 가지 유형이 있다. 어느 쪽이든 좋으니 다수파를 따르겠다는 '기왕이면 든든한 사람에게 기대는 유형'과 경영자나 상사의 의향을 거스르고 싶지 않아서 찬성하는 '아부성 찬성 유형'이다. 이런 직원이 많은 회사는 언제까지고 '침묵의 나선'을 그릴 수밖에 없다.

그 결과 기업윤리와 관련된 문제가 일어나는 일도 적지 않다. 예를 들어 위에서 무언가 나쁜 일을 하려고 할 때, '굳이 나서서 상사의 감정을 상하게 하고 싶지 않다. 내가 말하지 않아도 누군가가 말하겠지'라고 생각할 가능성이 있다. 이런 분위기가 지배적이면 모두 '서서히 끓는 냄비 속 개구리'가 되어, 위험을 깨달았을 때는 이미 손을 쓸 수 없는 사태에 이르고 만다.

또는 파벌끼리 싸움이 일어나 조직이 와해되기도 한다. 나는 파벌 자체가 나쁘다고는 생각하지 않는다. 인간에게는 좋아하고 싫어하는 것이 있기 마련이므로 같은 생각을 하는 사람끼리 모여 의기투합하는 건 당연하다고 본다. 다만 전체를 늘 공정하게 바라보고 모든 일을 결정하는 안목을 갖지 못한 채 파벌만 우선한다면, 파벌은 '악'이 될 것이다. 각 우두머리는 이런 결점을 잘 알고 파벌을 이끌어야 한다.

어찌 됐든 언제나 주위의 안색만 살피고 부화뇌동하는 사람은 자신의 중심축을 갖지 못한 것이라고 할 수 있다. 중심축은 자신의 양심에 따라 유연하게 생각하고 주체적으로 행동하는 힘이다. 인간에게는 동물의 피가 함께 흐르고 있는 만큼 이런 축을 가질 수 있느냐 없느냐가 최대의 과제일 것이다.

깨끗하게, 올바르게,
아름답게

기업의 부정과 비리가 끊임없이 일어나고 있다. 그런 일
이 생기지 않게 하려면 어떻게 해야 할까. 평소에 '깨끗
하게, 올바르게, 아름답게'를 실천하면 된다.

- '깨끗하게'는 높은 윤리관과 양식 있는 행동을 뜻
  한다. 한마디로, 법을 지키는 것이다.
- '올바르게'는 투명도, 정보 공개 또는 사회 정의에
  반하지 않는 행동을 의미한다. 쉽게 말해 거짓말
  을 하지 않는 것이다.
- '아름답게'는 타인에 대한 배려심이 있고 마음과

행동이 인간으로서 아름다운 것을 의미한다. 알기 쉬운 예를 들자면 인사를 반듯하게 하는 것이다.

당신은 이 세 가지를 제대로 하고 있는가?

어쩌면 너무 바보 같은 얘기라고 생각할지도 모르겠다. '법을 지켜라, 거짓말을 하지 마라, 인사를 반듯이 하라? 초등학생도 다 아는 얘기잖아'라면서 말이다. 하지만 현실에서는 제대로 실천하지 않는 사람이 너무나도 많다. 편법을 쓰거나 거짓말을 하거나 인사를 제대로 하지 않는 사람들은 어느 회사에나 꼭 있다.

그래서 나는 1998년에 사장이 됐을 때 직원들의 의식을 개혁하기 위해 "가장 먼저 '깨끗하게, 올바르게, 아름답게'를 실천합시다"라고 제안했다. 조직을 움직이는 개인 한 명 한 명이 올바른 윤리관을 갖지 않는 한 무슨 일을 한들 잘 되지 않기 때문이다.

직원들 사이에서 "그런 건 누가 시키지 않아도 다 하는걸요" 하는 반발도 있었다. 그에 대해 나는 "하지 못하니까 이렇게 말하는 것입니다"라고 다시 한번 강조했다. 말하기 쉬운 일일수록 실천은 어려운 법이다.

우리는 성인군자가 아니기 때문에 항상 '깨끗하게, 올바르게, 아름답게' 행동할 수는 없다. 그럴 수 있는 사람은 이 세상에 한 사람도 없다. 물론 나도 마찬가지다. 그렇기에 이 세 가지를 의식하고 다른 사람에게 폐를 끼치고 있진 않은지, 욕심을 최대한 자제하고 있는지 항상 자신을 되돌아봐야 한다.

직원은 경영자의 말이 아니라 등을 보고 정말로 신용할 수 있는지 아닌지를 판단한다. 경영자로서 가장 중요한 것은 직원의 신뢰를 얻는 것이다. 즉, 경영은 경영자와 직원의 '신뢰 관계'로 이뤄진다. 경영자는 직원에게 신뢰받기 위해서라도 철저한 윤리관을 지녀야 한다.

그 윤리관의 골격에 있는 것이 무사도武士道 정신이다. 20세기 일본의 교육자이자 사상가였던 니토베 이나조의 《무사도》에 따르면, 무사도 정신의 근원에는 불교와 신도 그리고 유교의 가르침이 있다.

예컨대 유교에서 말하는 오상五常, 즉 사람이 항상 지켜야 할 다섯 가지 도덕 '인의예지신仁義禮智信'을 들 수 있다. 인은 타인에 대한 배려, 의는 사욕을 버리고 이치에 따르는 일, 예는 사회 질서를 유지하기 위한 생활 규

범, 지는 도리와 지식, 신은 신용과 신뢰를 뜻한다. 이 가운데서 기업에 가장 중요한 덕목은 '신'이다. 기업은 사회에서 신용을 얻고 경영자는 직원들에게 신뢰받아야 사업을 영위할 수 있다. 많은 기업이 지배구조를 의심받는 이유는 경영자가 기업윤리의 3대 원칙인 'TDR'을 잊고 있기 때문이다.

- T(Transparency, 투명도): 경영의 투명도를 높이는 일
- D(Disclosure, 공개): 세상에도 직원에게도 적절하게 정보를 공개하는 일
- R(Responsibility, 책임): 최고경영자가 직원과 시장에 설명할 책임을 다하는 일

경영의 투명도를 높이고 정보를 공개하는 것만으로는 부족하다. 왜 이런 일을 하는지, 왜 이런 일을 하지 않는지를 사회와 직원에게 분명히 설명해야 한다. 입으로는 "우리 회사의 경영은 투명하다", "직원을 신뢰하고 있다"라고 말하면서 실제로는 숨기는 것이 있거나 밀실정치를 하기 때문에 불상사가 일어나는 것이다. 또는 직

원에게 사실을 말하면 반드시 밖으로 새어나갈 거라고 여기는 경영자가 많기 때문에 갖가지 부정과 비리가 일어난다. 이런 상태로는 절대 신뢰받지 못한다. 뒤집어 말해서, 'TDR'을 철저히 실천하면 신뢰를 얻을 수 있다.

한번 잃은 신뢰를 되찾기란 쉬운 일이 아니다. 직원의 신뢰를 배신한 경영자는 지체하지 말고 자리에서 물러나야 한다. 그런 책임감과 겸허함이 있어야 한다. 그리고 사외에서 인재를 들여올 게 아니라 사내 사정에 정통하고 우수한 상급 직원들이 지명위원회를 구성해 신뢰할 수 있는 경영진을 선택해야 한다. 직원의 신뢰를 얻는 경영진이라면 그 신뢰를 바탕으로 일을 추진하므로 회사를 바람직한 방향으로 이끌 수 있다. 다만 지명위원회 구성원들이 특정 파벌이나 그룹에 속해 있으면 안 되고, 공정하고 열린 의견을 내야 한다는 점이 중요하다.

부장급은 그 경영진 밑에서 저마다의 역할을 착실히 해나가면 된다. 회사를 움직이는 힘을 가지려면 임원이나 상무 이상이 되어야 하므로, 부장급이 아무리 노력해도 개혁은 잘 진척되지 않는다. '왜 그렇게 열심히 하는 척을 할까', '다른 부서는 다들 적당히 하는데 왜 우리 부서만 이런 일을 해야 하는 거야!' 하는 반발을 살 뿐 협력을 끌어내지 못하기 때문이다.

나는 '신信'과 '인仁'이 서로 연결된다고 생각한다. 신뢰받는 기업이 아니면 세상을 위하고 인류를 위하는 사업을 하려고 들지 않을 것이며, 세상을 위하고 인류를 위하려는 기개가 없으면 신용은 생겨나지 않기 때문이다.

그러므로 설령 일시적으로 돈을 벌었다고 해도 다른 사람을 위해, 사회를 위해, 국가를 위해 도움이 되지 않는 사업이라면 최고경영자는 확고한 신념을 가지고 그만둘 용기를 지녀야 한다. 경영자는 항상 자신의 윤리관에 비추어 스스로 삼가고 결단을 내릴 필요가 있다.

내가 '깨끗하게, 올바르게, 아름답게'를 집요할 만큼 강조하는 것은 직원들뿐만이 아니라 나 자신도 이 윤리관에 비추어 일해야 한다고 생각하기 때문이다.

썩은 사과는
되살릴 수 없다

내가 사장이 됐을 때, 회사는 거품경제 붕괴의 후유증으로 부동산 등 불량 자산을 떠안고 적자 규모가 큰 상태였다. 당장 회사를 어떻게 재건해야 할지 벼랑 끝에서 결단을 내려야만 했다.

나는 불량 자산을 일괄 처리하는 것 말고는 방법이 없다고 생각했다. 회사를 밑바닥부터 재건하려면 과감하게 결단을 내려야 했다. 다만 주식시장이 어떻게 반응할지 알 수 없었다. 주가가 계속 하락하면 회사는 결국 도산할지도 모른다. 그렇지만 임원진이나 은행에서는 10~20년에 걸쳐 불량 자산을 조금씩 상각해나가면 된다는 의견이 지배적이었다. 당시는 대부분 기업이 이런 연착륙 soft landing 의 길을 선택하고 있었다.

하지만 그 방법을 택하면 직원들이 아무리 열심히 일해도 이익이 나는 족족 불량 자산의 손실을 메우는 데 투입해야만 한다. 급여도 올려줄 수 없고 인재도 늘릴 수 없다. 신규 사업에 투자도 할 수 없고 주주에게 배당금도 지급할 수 없다. 직원들의 사기는 곤두박질치고 회사는 암울한 분위기에 휩싸일 것이다.

나는 고민에 고민을 거듭한 끝에 큰 결심을 하고 불량 자산을 일괄 처리하여 3,950억 엔의 특별손실을 계상하겠다고 발표했다. 사장으로 취임한 지 1년 반이 지난 1999년 10월의 일이다. 당시 이 특별손실 처리는 업계뿐만 아니라 일본 전체에서도 가장 큰 규모였다. 거품 경제의 붕괴로 거액의 평가손실을 떠안게 된 기업 중에서 이 정도로 대담한 결단을 취한 곳은 이토추상사가 처음이었다. 내가 사장 시절에 실행한 가장 큰 결단이기도 하다.

불량 자산은 썩은 사과와 같다. 결코 원래대로 되돌아오지 않는다. 오히려 시간이 지나면 지날수록 더 썩어들어간다. 썩은 부분을 도려내더라도 손상 부위는 다시 생겨나고 또 커진다. 불량 자산을 끌어안고 있는 한 손실은 결코 줄어들지 않는다. 그러니 하루빨리 내다 버려야 한다. 그것이 나의 신념이었다. 이 신념을 토대로 과감히 불량 자산을 처분하기로 한 것이다.

이 결심을 직원들에게 설명하기 위해 전 직원을 도쿄 사무소에 모아놓고 회사 역사상 처음으로 전체 직원회의를 열었다. 교통비가 드는 직원에게는 회사가 지급해주고 도저히 올 수 없는 직원은 인터넷으로 참석하게 했다. '이번 결산기에는 무배당이며 당신의 급여도 올려줄 수 없다'고 회사가 처한 상황을 숨김없이 설명했다. 그때까지는 주가에 영향이 미칠 것을 우려해서 직원들에게 실상을 이야기하지 않았지만, 컴플라이언스의 3대 원칙인 TDR에 따라 직원들을 신뢰하고 모든 것을 확실하게 밝혔다.

또 3기 연속 적자인 자회사는 대부분 정리했다. 당시 자회사가 1,000개가 넘어 일본에서 가장 많다고 자랑하기도 했는데 조사해보니 자회사에서 매년 수백억 엔의 적자를 내고 있어 이익금을 훨씬 웃돌았던 것이다. 정리한 자회사는 최종적으로 450개가 넘었다. 정리 과정에서 퇴직자들에게 보상을 충분히 하느라 일시적으로 큰 손실이 났지만, 눈앞의 일에만 급급하다가는 이익을 창출할 수 없기에 불가피한 결정이었다. 또한 기업연금 적립금의 금리를 기존 6%에서 3%로 인하하고 그 조치가 마음에 들지 않는 사람은 적립금을 인출해 가게 했다. 거품경제 시기에도 은행의 보통예금 금리는 약 2%였는데 6% 금리를 지급해왔다. 하지만 이를 계속 유지하다가는 회사가 불량 채권에 휘말려 무너지고 말 것이다.

하지만 이 제안에 퇴사자들 대부분은 찬성하지 않았고 "회사가 무너질 리 없다. 사장 혼자만의 생각으로 그런 일을 해도 되는가"라며 반발해 큰 문제가 됐다. 임원들에게는 모두 적립금을 일시불로 받아가도록 했다. 임원 진급이 얼마 남지 않은 사람들에게는 자신은 임원이 되지 않아도 괜찮으니 적립금은 그대로 두길 원하는 사람은 신청하라고 했다. 하지만 임원 자리를 고사하는 사람은 한 명도 없었다.

2기 연속 무배당을 유지했을 때는 역대 사장들에게 종신 지급하던 급여를 75세까지로 축소하고, 내가 적용

받는 때부터는 이 제도를 완전히 폐지했다. 사장이 되기 전에는 몰랐는데, 이토추상사뿐만 아니라 수많은 대기업에는 역대 사장의 급여를 사망 때까지 지급하고 고급 승용차와 비서까지 제공하는 제도가 있었다.

이때도 모두가 반대했다. 사람은 막상 자신의 이익에 반하는 사태가 닥치면 동물의 피가 들썩거려 회사의 미래보다도 자신을 먼저 생각한다. 역대 사장 중에는 앞으로의 인생 설계가 어긋났다며 불평하는 사람도 있었다. 80세를 앞두고 있는 지금, 나도 그 불안을 모르는 바는 아니다. 하지만 당시는 '70세 넘어서 뭐가 인생 설계란 말인가. 모아놓은 돈도 있지 않은가? 젊은 직원들이야말로 앞으로의 인생이 훨씬 길다. 게다가 애초에 회사를 이렇게 만든 건 당신들이 아닌가!' 하는 말을 몇 번이나 삼켰는지 모른다.

나는 역대 사장들에게 맹렬한 비난과 원망을 들었다. 그래도 회사를 존속시키기 위해서는 계획대로 감행해야 했다. 한 사람이 회사에 몸담는 기간은 길어야 40년이지만 회사는 영원하다. 영원히 계속되는 것이다. 그렇기에 나중에 들어올 사람들을 위해서는 일부 전직 임원이 거세게 반발하더라도 필요한 조치를 취해야만 했다.

그 무렵의 나는 회사를 구하고 직원들을 도울 수 있다면 나 자신은 죽어도 좋다는 심경이었다. 멋있어 보이려는 게 아니었다. 그런 심정이 아니면 이런 큰 개혁은 도저히 실행할 수 없다.

특별손실을 처리한 결과, 2000년 3월 말 결산(일본의 회계기간은 4월 1일부터 다음 해 3월 31일까지다-옮긴이) 시점에는 1,630억 엔의 적자를 계상하고 무배당이 됐다. 그 책임을 지는 의미로 나는 당분간 급여를 전액 반납하겠다고 선언했다. 그 이전 회계연도에도 무배당에 보수를 감액했기 때문에 그 이상의 결의를 보이려면 무보수밖에 방법이 없었다. 임원과 직원들의 의식을 개혁하려면 경영자의 각오를 보여줘야 했다.

이는 나의 독단으로 결정한 일이었지만 임원들까지 자진해서 "저희도 반납하겠습니다"라며 동참해주었다. 하지만 임원 전원이 무보수로 결정하면 다음에는 그 아래 부장급들이 책임을 느끼고 함께 급여를 반납하는 분위기가 되고 말 것이다. 그러면 책임의 소재가 모호해지고 그 가족에게도 폐가 될 것이기 때문에 마음만을 받고 무보수 근무는 나 한 사람만 하기로 결정했다. 다만 당시 무로후시 미노루 회장이 "자네만 그렇게 하도록 둘 순 없네"라며 강력히 주장해서 우리 두 사람이 급여를 반납하는 것으로 마무리했다. 무로후시 회장은 최고경영자를 역임한 적도 있으므로 책임을 진다는 의미에서도 부자연스럽지 않다고 판단했다.

생활은 어떻게든 될 거라고 생각했는데, 급여를 반납하기로 했다는 말을 들은 아내가 바로 이렇게 물었다.

"당신, 세금은 어떻게 내려고 그래요? 적금을 깨서 낼 수는 없잖아요."

'뭐, 세금이라고? 아뿔싸!'

가계에 관한 일은 모두 아내에게 맡겨두고 있었기에 전년도 소득에 대한 세금을 내야 한다는 사실을 전혀 생각하지 못한 것이다.

어쩔 수 없다. 회사에서 빌려야겠다고 마음먹고 인사부에 가서 부탁했다.

"나는 도망치지도 숨지도 않을 거네. 사장이니까. 급여를 받게 되면 바로 갚을 테니 세금 낼 만큼만 빌려주게."

아내는 어이없어하며 생활비를 어찌어찌 변통했다.

실제 손실은
예상보다 3배나 커진다

불량 자산을 일괄 처리할 때 내가 가장 먼저 한 일은 특
명팀을 구성한 것이었다. 지혜를 갖춘 유능한 직원 일곱
명을 극비리에 모은 다음, 각 사업과 자산의 실태를 파
악하기 위해서 부·과장급을 대상으로 청취조사를 하
도록 지시했다.

"회사가 안고 있는 손실을 철저히 밝혀내야 합니다.
숨긴 사람에게는 책임을 묻겠습니다. 무보수로 끝내지
않을 겁니다. 바로 해고예요."

어느 시대에나 통하는 말이지만 이런 조사를 맡기는
인원은 경영자가 마음속 깊이 신뢰하는 우수한 직원들

이어야 한다. 잘못된 결과가 나오면 큰 2차 피해가 발생하게 된다.

이때 특명팀에는 나보다 회사 근무 기간이 긴 사람도 몇 명 지명했다. '그때 그 부서는 이만큼의 손실을 냈다. 그 여파가 아직 있을 것이다' 하는 식으로 과거의 일을 잘 알고 있기 때문이다. 이들의 협력이 필요했다. 이렇게 3~4개월 동안 조사를 계속했는데, 손실이 끝없이 발견됐다. 특명팀 팀원들은 상상을 초월한 손실이 계속 나오자 질겁했다. 하지만 놀라고만 있을 때가 아니었다.

자세히 조사해보면, 손실은 보통 대략 파악하고 있던 금액의 3배 정도가 된다. 인간은 자신이 초래한 손실을 신고할 때는 동물의 피가 고개를 들어 되도록 적게 보고하기 때문이다. 들통나지 않으면 그걸로 괜찮다고 생각하는 것이다.

이는 나의 경험에서 나온 수치다. 1977년 이토추상사는 경영 위기에 빠져 있던 아타카산업安宅産業을 흡수합병했다. 애초의 이야기에 따르면, 아타카산업이 안고 있는 부채는 약 1,000억 엔이었다. 당시 뉴욕에서 돌아온 지 얼마 안 된 나는 직접 담당하고 있진 않았지만 1,000

억 엔이라면 어떻게든 해결할 수 있지 않을까 생각했다. 그런데 얼마 지나지 않아 아무래도 그 정도 손실에 그칠 것 같지 않다는 사실을 알게 됐고, 최종적으로 아타카산업의 손실은 3,000억 엔으로 밝혀졌다. 그때 나는 '과연! 손실은 예상했던 금액의 3배는 되는 거로구나' 하고 생각했다. 인간의 본성이라고나 할까. 이는 불변의 습성인지도 모른다.

그런 경험이 있기 때문에 이때도 '3배 정도는 될 거야'라고 직감하고 특명팀에 두 번째 지시를 내렸다.

"실제 손실은 그 정도가 아닐 겁니다. 분명히 아직 숨기고 있어요. '정말로 이것뿐입니까? 만일 숨기는 경우에는 회사를 그만두셔야 할 겁니다'라고 압박하면서 다시 한번 조사하세요."

그러자 손실액이 처음의 2배로 불어났다. 팀원들은 '이제 이 정도면 됐겠지' 생각했겠지만, 나는 "아직도 아래 직원들은 감추고 있을 겁니다"라며 고삐를 늦추지 않았다. '사실대로 말하면 과장으로 승진하지 못할 거야' 하고 생각하는 직원이 분명히 책상 속에 자료를 숨기고 있을 터였다.

그래서 "이것이 마지막 버스입니다"라고 공표하고 한층 더 철저히 조사하도록 지시했다. 마지막 버스가 떠난 뒤에는 아무리 책상 속의 손실을 껴안고 "저 좀 태워주세요" 하고 쫓아오더라도, 나는 과감히 떨쳐내고 그냥 갈 것이다. 이는 진심이다. 나는 그런 냉혹한 남자다.

바꿔 말하면 '사장인 내가 책임을 질 테니 숨김없이 전부 꺼내놓아라. 나중에 손실이 발각되면 더는 온정을 베풀 수 없다. 그 손실을 급여로 상쇄할지 회사를 그만두게 할지, 어떤 형태로든 당사자에게 책임을 지게 하겠다'라는 뜻이다. 그러자 또다시 계속해서 손실이 발견됐다.

이런 상황은 부정과 비리를 일으킨 기업에도 해당할 것이다. 손실이든 부정이든 실제 조사를 해보면 처음에는 임원급에서, 다음에는 부·과장급에서 그리고 마지막에는 평사원 사이에서 잇달아 드러나 규모가 점점 커진다. 자회사가 상당히 큰 손실과 부정을 감추고 있는 경우도 있다. 진짜 회사의 모습은 한 번의 조사로 다 파악할 수 없다. 참고로 말하자면, 이익은 점점 늘어나는 경우가 없다. 이익을 내면 모두 앞다투어 "제가 이익을 냈습니다!"하고 보고하기 때문에 처음부터 전부 드러난다. 마지막에 나오는 건 대부분 자잘한 이익이다. 인간은 그런 존재다.

원래 이야기로 돌아가자. 여러 차례에 걸쳐 철저히 조사한 결과, 회사 전체가 안고 있는 손실은 내가 추측한 대로 처음 예상한 금액의 약 3배가 됐다. 이를 근거로 1999년 가을에 3,950억 엔의 특별손실 계상을 발표한 것이다. 놀라 자빠질 만한 액수지만, 재무 체질을 개선하는 등 여러 방법으로 회사는 신용을 차츰 되찾았다. 그리고 마침내 2001년에는 순이익 705억 엔이라는 회사 역사상 최고의 이익을 기록했다.

그때 나는 이렇게 말하며 사원들을 격려했다.

"적자는 모두 정리했습니다. 이제부터가 회사의 진짜 능력이죠. 이제 걱정하지 않아도 됩니다. 앞으로 우리가 하는 일은 모두 이익이 될 겁니다. 이익이 나면 보너스를 지급하겠습니다."

'직원이 은폐하지 않고 전면적으로 협력해서 열심히 해주었기 때문에 V자 회복을 이룰 수 있었다. 그래서 비정규직이든 아르바이트든 상관없이 모든 직원에게 보너스라는 형태로 환원하고 싶다. 임원만 보너스를 늘리는 일은 있을 수 없다'라는 것이 나의 본심이었다.

회사가 회생할 수 있었던 가장 큰 요인은 직원들이었다. 젊은 직원들이 경영자를 신뢰하고 따라와 주었다. 경영자가 온 힘을 다하면 직원들은 반드시 따라온다.

또 하나의 요인은 기업의 이해관계자들에게 거짓말을 하지 않았던 일이다. 나는 재무담당 전무와 둘이서 해외 투자가들에게도 설명을 하러 다녔다. 당시 일본 대기업은 사장의 해외 출장에 통역사나 부하를 여러 명 동행하고 다니는 것이 통례였지만 우리는 둘이서만 출장을 갔다. 영어로 회사의 상황을 숨김없이 설명하고 배당금을 지급하지 못한다고 양해를 구하자 예측대로 투자가들은 모두 불만을 토로했다. "이만큼 설명했는데도 불만이 있다면 이토추상사의 주식을 매각해주십시오"라고 말한 것이 투자가와 큰 언쟁으로 번지기도 했다.

그런데 다음 날, 크게 다투었던 그 상대가 이토추 주식을 팔지 않고 오히려 더 사는 게 아닌가. 경영자가 투자가를 상대하면서 큰 다툼을 각오할 정도로 재건에 자신이 있는 거라며 우리를 신뢰하게 된 것이다.

한때는 주가가 200엔 아래로 떨어져 '이토추상사는 망할 것이다'라는 소문까지 돌았다. 그렇지만 특별손실 처리를 하자마자 주가는 껑충 뛰어올랐고, 회사도 마음을 놓게 됐다.

　　역대 최고 실적을 달성한 뒤, 나는 불량 자산을 더 꼼꼼히 밝혀내서 상각했다. 그리고 2004년, 사장 취임 시의 공약대로 6년 만에 사장 자리에서 물러났다. 퇴임 직전인 2004년 3월 말 결산에서는 다음 연도부터 시작되는 국제회계기준을 일부러 한 해 앞당겨 적용해 319억 엔의 적자를 냈다. 나는 근사한 업적을 남기지 못한 채 퇴임해도 상관없다고 임원들에게 전해두었다. 나는 모든 불량 요소를 제거하는 '청소부'로서 회사를 오점 하나 없는 깨끗한 상태로 만든 뒤에 다음 사장에게 바통을 넘겨주고 싶었을 따름이다.

사람은 3년 권력을 쥐면
바보가 된다

오랜 중국 역사상 가장 번영했던 당나라 시대에는 간언에 뛰어난 신하가 있었다. 명군으로 불린 2대 황제 태종을 섬기던 위징이라는 인물이다. 그는 별것 아닌 일에도 욱하고 성질을 내는 태종에게 200번이나 간언을 올렸다고 한다. 위징이 죽었을 때 태종은 "짐은 거울을 잃었도다!"하며 크게 상심했다고 전해진다. 태종은 위징을 자신의 부족한 점을 알고 잘못을 바로잡기 위한 거울로 삼았던 것이다.

초대 기슈번 번주 도쿠가와 요리노부(도쿠가와 이에야스의 10남)는 어릴 때 심기가 불편해서 가신을 칼집으로 마구 두드린 적이 있다. 그때 예절교육을 맡았던 안도 나오쓰구가 이 사실을 알고는 요리노부의 무릎을 있는 힘껏 꼬집어 훈육했기 때문에 요리노부의 무릎에는 오랫동안 검은 멍이 들어 있었다. 요리노부는 멍 자국을 보면서 자중하는 마음을 유지했고, 자국이 없어지면서 자중하는 마음도 점점 엷어지자 반성했다고 전해진다.

어느 시대든 최고 자리에 있는 자의 잘못이나 도를 넘는 행위를 바로잡고, 폭주하지 않도록 제동을 걸어주는 충언자가 필요하다. 충언하는 사람이 있으면 조직이 원활히 돌아가게 된다. 하지만 지금 일본에 위징이나 안도 나오쓰구 같은 사람은 극히 적다. 출세를 위해서 경영자에게 아침하는 사람이나 자신에게 피해가 미칠 것을 우려해 직언하지 않고 몸을 사리는 사람만 넘쳐나는 듯하다. 이는 경제 분야만이 아니라 정치, 관료, 스포츠 분야도 마찬가지다. 결과적으로 보자면, 눈치 보며 기분만 맞추는 부하가 그릇된 경영자를 만들고 부정과 권력형 폭력으로 나아가도록 부추기는 건지도 모른다.

아랫사람에게 주의를 받지 못하면 경영자는 오만해진다. 현장에서 일하는 사람들의 노고를 헤아리지 않게 되고, 세상의 상식에서 벗어난 판단을 하기도 한다. '인간은 3년 권력을 쥐면 바보가 된다'는 옛말이 있는데 전혀 틀린 말이 아니다.

나는 사장 시절에도 회장 시절에도 '바보'가 되지 않으려고 한 시간 가까이 전철을 타고 출퇴했다. 물론 퇴근 때도 마찬가지였다. 만원 전철에 시달리느라 후텁지근하기도 하고 다른 사람의 젖은 우산이 내 살갗에 닿을 때는 불쾌하기도 하다. 날카로운 데 찔리면 화도 난다. 하지만 직원들은 모두 이렇게 힘들게 출퇴근하고 있지 않은가. 이런 보통의 시선에서 벗어나면 안 된다고 생각했다.

운전기사가 딸린 고급 승용차로 출퇴근한다면 당연히 더 쾌적할 것이다. 하지만 그런 편안한 생활을 하면 세상의 상식과 평범한 감각에서 점점 멀어진다. 오만과 불손이라는 인간의 업이 커지고, 어느 순간에 이르면 본래의 윤리관까지 잃게 될 것이다.

"불편한 상황을 당연하게 생각하면 어떤 것에서도 부족함을 느끼지 않게 된다."

이는 도쿠가와 이에야스의 유훈으로 내가 무척 좋아

하는 말이다. 내 머릿속 한구석에는 항상 이 말이 들어 있다.

내가 살고 있는 주택도 과장 시절에 지은 집으로 40년 가까이 됐다. 집이란 비바람을 피할 수 있으면 된다고 생각하기 때문에 "회장까지 지낸 분치고는 너무 초라하네요"라는 말을 들어도 전혀 신경 쓰이지 않는다. '불필요한 간섭이군요. 당신을 위해 지은 집이 아니잖소'라고 말하고 싶을 정도다.

이웃의 다른 집들은 벤츠나 BMW를 타고 다니지만 우리 집 차는 오래된 연식의 토요타 코롤라여서 "사장인데 왜 그런 차를 타시나요?" 하는 질문을 받은 적도 있다. 예전에 집에 취재하러 온 신문 기자들의 암호가 '코롤라를 찾아라'였다고 한다. 그 코롤라도 이미 팔고 없다. 지금의 주요 이동수단은 자전거다. 그렇지만 이 나이가 되면 자전거로 언덕길을 오르내리기가 힘들다. 그래서 요즘엔 걸어 다니는 일이 많아졌다. 이동수단은 도보와 자전거, 지하철 세 가지면 충분하다.

이런저런 말을 하는 사람도 있지만 말하고 싶은 사람에게는 말하게 두면 된다. 원래 나는 그런 성격이다. 사이타마현 오미야 지역에 살던 젊은 시절에는 비만 내렸다 하면 집 근처의 밭과 도로가 침수되는 바람에 장화를 신고 출근했다. 회사에서는 바짓단을 장화 밖으로 늘어뜨려 놓고 있었는데, 사람들은 흘끗 보고는 '희한한 신발이네' 하는 표정을 지었다. 하지만 중요하지 않다. 내가 신경을 쓰느냐 마느냐, 그뿐이다.

뉴욕에서 근무하던 시절에는 머리를 늘 아내가 깎아주었다. 처음에는 이발기를 제대로 사용하지 못해 너무 바짝 깎는 바람에 뒷머리에 동전만 한 구멍이 났다. 하지만 내게는 보이지 않았고 아내도 말해주지 않았다. 그대로 출근했는데 뒷자리에 앉은 부장이 "거참, 이상한 이발소에 다니는구먼" 하고 불쑥 한마디를 던졌다. 나는 집에 돌아와 "구멍을 냈으면 말이라도 해줘"라고 아내에게 부탁했다. 말해주면 검은색을 칠하든가 어떻게든 대처할 수 있으니 말이다. 실제로 검은 칠을 하고 출근한 적도 있다. 멀리서 보면 알 수 없을뿐더러 부장이라면 몰라도 누가 내 머리를 계속 들여다볼 일도 없기에 전혀 신경 쓰지 않았다.

그런 성격이다 보니 사장이 되어서도 그때까지의 생

활을 바꾸려고 생각하지도 않았다. 앞서도 말했듯이, 회사를 그만두면 모두 평범한 아저씨, 아줌마다. 사장이든 부장이든 퇴직 후 어떻게 살아야 할지를 생각할 게 아니라 자신이 그 직무에 있을 때부터 평범한 생활을 하면 되는 것이다. 그러면 임원 자리에서 내려와 '그냥 아저씨'가 되어도 생활이 달라지지 않는다. 높은 직위에 올라갔다고 해서 갑자기 좋은 집을 짓거나 사치스러운 옷을 입으니까 퇴직 후에 어떻게 살아야 할지를 고민하게 되는 것이다.

나의 생활과 성격은 예나 지금이나 변함이 없다. 앞으로도 될 수 있는 한 마음이 하고 싶어 하는 말을 하면서 평범한 생활을 지속해나갈 것이다.

5장

노력과 기회

나를 지배하는 것은
나 자신밖에 없다

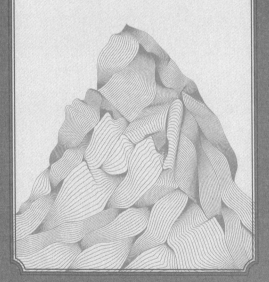

노력의 차이는
'2:6:2의 법칙'으로 나타난다

어떤 회사든 직원 모두가 우수할 수는 없으며 모두가 능력이 뒤떨어질 수도 없다. 대개는 우수한 사람이 20%, 보통인 사람이 60%, 뒤떨어지는 사람이 20%의 비율로 구성된다. 직원이 100명이라면 상위 20명이 높은 생산성을 올리며 회사를 이끌어간다. 중간의 60명이 고만고만한 수준에서 상위 20%를 따라가고, 하위 20명은 생산성이 낮다. 상위 20%가 빠지고 직원이 80명으로 줄어든다면 그중에서 또다시 상위 20%, 중간 60%, 하위 20%로 나뉜다.

학교도 마찬가지다. 일류든 아니든 초등학교에서 대

학교에 이르기까지 학생의 성적은 대개 상위 20%, 중간 60%, 하위 20%로 구분된다.

이것이 '2:6:2의 법칙'이다. 인간으로 구성된 조직에는 모두 이 법칙이 들어맞는다고 한다. 그렇다면 20%의 우수한 사람과 60%의 평범한 사람의 차이는 어디에 있는 걸까. 나는 두뇌가 아니라 열정과 패기에 있다고 생각한다.

상위 20%인 사람은 열정과 패기를 가지고 일에 몰두하므로 일을 빨리 익혀 점점 더 발전한다. 60%의 중간층은 그에 비해 열정과 패기가 부족하다. 상사에게 지시받은 일만 하면 된다고 생각하니 더 발전할 수가 없다. 달리 말해, 열정과 패기를 가지면 상위 20%에 들어갈 가능성이 충분하다는 얘기다. 열정과 패기를 높이는 데는 반드시 노력이 필요하다. 앞서 말했듯이 인간의 능력에는 별반 차이가 없기 때문에 열심히 노력하면 상위 20%에 속할 수 있다.

하위 20%의 사람들은 노력하지 않기 때문에 '뒤떨어진다'고 평가받는다. 하지만 그들도 이래서는 안 되겠다고 마음을 단단히 먹고 노력을 계속하면 얼마든지 더 상위 그룹으로 올라갈 수 있다. 그런 의미에서 2:6:2의 법칙은 '노력 차이의 법칙'이라고도 할 수 있다. 상위 20%의 사람들도 언제 아래 단계로 하락할지 모르니 한층 더 노력해야 할 것이다.

2:6:2의 법칙은 사회 전체에도 적용된다. 이른바 상류층이 20%, 중류층이 60%, 하류층이 20%라는 뜻이다. 아무리 세상이 바뀌어도 하류층 20%는 어떻게든 생겨난다. 이는 어쩔 수 없는 일이다.

지금까지 일본의 중류층 노동자는 기업이나 사회에서 소중하게 대우받고 제대로 된 교육을 받아, 책임감을 갖고 일하며 질 높은 제품과 서비스를 제공해왔다. 그런 제품과 서비스에 '이렇게 해라, 저렇게 해라' 하고 까다롭게 요구해온 사람도 같은 중류층 소비자다. 기업 측은 그 요구를 만족시키려고 품질 향상을 위해 연구 · 개발에 매달렸다. 그런 노력이 강점이 되어 일본이라는 브랜드를 이뤄온 것이다.

그런데 지금 중류층 노동자들은 소중히 대우받지 못하고 있으며, 소비자들도 경제적으로 점점 피폐해지고 있다. 저출산 · 고령화 현상이 두드러지는 일본이 외국과 어깨를 나란히 하고 발맞춰 나가려면 대다수를 차지하는 중류층에 희망을 주어야 한다. 그야말로 상위 20%가 해야 할 역할이다. 자신들이 몸을 던져서라도 중류층이 희망을 가질 수 있는 사회로 만들어가야 한다.

벼랑 끝에 섰다는
위기의식을 가져라

요즘에는 '죽을힘을 다해 일하는 건 딱 질색이야'라고 생각하는 젊은이가 많은 것 같다. 재단법인 일본청소년 연구소가 일본, 한국, 미국, 중국의 고등학생 6,647명을 대상으로 실시한 〈고등학생의 진로와 직업의식에 관한 조사〉(2013년 3월 발표) 결과에 따르면, 직업을 선택할 때 '안정성'을 중시한다고 대답한 젊은이는 일본이 93.9%로 4개국 중 가장 높았고 '도전성'이라고 대답한 비율은 67.9%로 4개국 중 최하위였다. 장래 희망하는 직업 중 첫째는 '국가공무원 또는 지방공무원'이었고, '스스로 창업한다'고 대답한 사람은 겨우 6%에 불과해 가장 낮았다. 또한 '당신은 성공하고 싶은가?'라는 질문에 '매우 그렇다'와 '대략 그렇다'라고 대답한 사람은 중국 89%, 미국 78.9%, 한국 72.7%인 데 비해 일본은 45.8%에 그쳤다. '성공하면 자신의 능력을 더욱 발휘할 수 있다'고 생각한다는 응답은 40%에도 못 미쳤으며 4개국 중 최하위였다.

게다가 '다소 지루하더라도 평온한 인생을 보내고 싶다', '살아갈 수 있는 수입이 있으면 느긋하게 지내고 싶다'라고 생각하는 경향이 있다는 사실도 이 조사 결과에서 드러났다. '평생 몇 번은 크고 멋진 일에 도전해보고 싶다', '하고 싶은 일에 아무리 역경이 있어도 도전하고 싶다', '자신의 회사나 가게를 차리고 싶다' 등 적극적으로 살아가는 삶에 일본의 젊은이는 그다지 관심이 없다. 한마디로, 일하는 데 대한 의욕과 패기가 없다.

이는 비단 고등학생에게만 해당하는 이야기가 아니다. 일본의 젊은 사회인들 역시 강한 투쟁심이 없고 마치 양 떼와 같다. '흙탕물에 뒹굴더라도 열심히 해보자'라며 스스로 격려하고 발전하고자 하는 동기가 결정적으로 부족하다. 이는 '빼앗긴다'는 것이 무엇인지 알지 못하기 때문이다.

　나보다 능력이 뛰어난 사람들이 외국에서 잇달아 들어와 내가 지금 하고 있는 일을 언제 빼앗을지 모른다는 위기감이 일본에는 전혀 없다. 일본인끼리 안일하게 현재 상태에 안주하면서 적당히 경쟁하고 '그중에서 이기면 된다'고 무사태평하게 생각한다. 이는 이민자가 적다는 사실과 연공서열이 오래 지속되어온 탓에 뿌리내린, 일본의 나쁜 문화라고 할 수 있다.

　반면 이민자가 많은 미국이나 유럽에서는 엄벙덤벙 지내다가는 다른 나라에서 온 사람들에게 금세 일자리나 창업 기회를 빼앗긴다. 실리콘밸리에서는 창업 평가액이 10억 달러 이상이고, 비상장인 스타트업 기업(새로운 비즈니스 모델을 개발해서 시장을 개척하는 단계에 있는 벤처 기업-옮긴이)의 절반 이상이 이민자들이 설립한 회사라고 보도됐다(〈닛케이산교신문〉, 2017년 2월 14일). 또한 독일에서는 외국인 창업자를 대상으로 자영업자의 체재가 허용됐으며, 2009년에 새로 설립된 기업 중 30% 이상이 외국인이 설립한 기업이었다(일본종합연구소 〈고급 능력 외국인의 창업 환경 등에 관한 조사보고서〉, 2012년 3월).

'창업자 비자'를 인정하고 있는 영국에서는 외국인의 창업 비율이 자국민보다 높다. 종합 창업활동지수(18~64세의 성인 인구 100명에 대해 '창업 준비를 시작한 사람'과 '창업 후 42개월 미만의 기업을 경영하고 있는 사람'이 얼마나 되는지를 나타낸 지수-옮긴이)를 보면 영국 국민이 8.9%인 데 비해 외국인이 2배 가까운 16.9%를 차지한다고 한다(일본종합연구소, 〈창업촉진을 위한 인바운드 전략〉, 노무라 교코, 2015년 6월 9일).

즉, 미국과 유럽에서는 '창업 기회를 외국인에게 빼앗겨서야 되겠는가!' 하는 분위기가 팽배하다. 지금 하고 있는 일도 자칫 방심하면 중국이나 인도에서 온 우수한 인재들에게 빼앗길 수 있으므로 기술이나 효율을 높이려는 노력을 지속해야 한다는 각오도 대단하다.

우리는 일본에서 일하고 있으니 관계없다고 생각할지도 모르지만, 그것은 큰 착각이다. 가까운 장래에 일본에서도 외국인과의 경쟁이 심해질 것이다. 이미 일본 정부는 외국인 노동자와 유학생의 취업근로조건을 완화하는 방침을 발표했다. 현재 상황에서 아베 정권은 이민 정책을 취할 의사는 없고 이른바 단순노동 분야에서 외국인 노동자의 수용을 확대할 방침이다. 그래서 '일은 하게 하지만 영주永住는 인정하지 않는다'는 기회주의라고 비판도 받고 있다.

외국인 유학생에 관해서는 지금까지 전문성이 높은 '고급 인재'의 수용을 추진해왔지만, 앞으로 재류 자격의 적용 범위를 확대한다는 방침을 굳히고 희망자 대부분이 일본 기업에 취직하기 쉬운 환경을 갖출 계획이라고 한다.

다만 해외에서 온 우수한 인재가 일본에서 창업하는 경우는 아직 드물다. 일본의 IT 관련 기술의 발전이 더딘 가장 큰 이유는 외국인 기술자가 거의 없기 때문이다. 일본은 외국인의 취업노동제도를 더욱 개선하고, 이민 정책에 관해서도 장기적 관점에서 생각해야 할 시기를 맞이했다. 앞으로는 일본 기업에도 외국인이 점점 늘어날 것이다. 느긋한 태도로 일본인끼리 사이좋게 일하면 되던 시대는 이미 지나갔다.

일본의 젊은이는 '도토리 키 재기'를 하고 있는 셈이다. 중국이나 인도에서 도토리가 아닌 사람들이 온다면 자신이 하고 싶었던 일을 타국 사람에게 빼앗긴 채 후회하게 될 것이다. 그때까지 마냥 손 놓고 있어서는 안 된다. 좀더 강한 위기의식을 갖고 실력을 연마해야 한다.

젊은이만이 아니다. 40~50대 관리직도 사고를 전환해야 한다. 지금 당신이 부장으로서 해오던 일을 과장이 빼앗아갈지도 모른다. 일본에서는 'A 부장처럼 일할 정도면 B 과장이 하게 하는 편이 낫다'라고 말하면 감정을 상하게 되므로 그렇게 직접적으로 말하진 않는다. 'B 과장 쪽이 더 능률적이다'라거나 'B 과장에게 맡기면 지금까지 세 시간 걸리던 일을 한 시간 반 만에 할 수 있을 것이다'라는 식으로 에둘러 말한다. 하지만 어느 쪽이든 그 부장은 부하에게 업무를 빼앗기고 말 것이다. 지금까지는 있을 수 없던 일이 당연하게 일어나는 시대가 됐다. 그렇기에 더더욱 나이를 불문하고 노력을 게을리해서는 안 된다.

국내를 벗어나
글로벌 무대에서 경쟁하라

앞으로의 젊은이들은 세계의 젊은이와 어깨를 나란히 하고 싸울 정도의 기개를 갖춰야 한다. 학창 시절의 친구와 연봉이 얼마냐를 놓고 경쟁하거나 회사 동기 중에서 1등이네, 2등이네 하고 겨뤄봐야 아무 의미가 없다. 세상에는 더 기개 있고 우수한 인재가 무수히 많다. 그들과 경쟁하며 능력을 갈고닦아야 자신의 성장과 발전으로 이어진다.

나는 미국으로 발령 난 지 얼마 되지 않았을 때 그 사실을 절실히 느꼈다. 일본에서 6년 정도 업무 경험을 쌓고 희망하던 뉴욕 주재원으로 뽑히자, 나는 역시나 자신감 과잉 상태가 됐다. 내가 담당하는 업무에 관해서는 뭐든지 알고 있다는 자아 도취에 빠져 '미국의 샐러리맨도 우리와 별로 차이가 없겠지' 하고 만만히 생각했다. 하지만 나보다 나이가 조금 위인 미국인 청년을 만나 코가 납작해지는 경험을 했다.

그는 명문대학 출신으로 일류 기업에 근무하고 있을 뿐만 아니라 '사私'보다 '공公'을 중시하고 인류와 사회를 위해서 온 힘을 다하려는 기개를 지닌, 진짜 엘리트였다.

어느 날 그의 자택에 초대됐다. 미국인은 타인을 집에 들이는 경우가 별로 없는데 그는 매우 친하게 지내던 내게 자신의 서재까지 보여주었다. 서재로 들어서자 커다란 책상 위에 일과 관련된 서류와 읽다 만 책이 산더미처럼 쌓여 있었다. 바닥에도 서류와 책이 수북했다. 그 광경을 목격한 나는 '진짜 엘리트는 이런 사람이구나!' 하고 충격을 받았다. 안 그래도 우수한데 집에 돌아가서 또 이렇게 공부하고 있을 줄은 상상도 하지 못했다. 지금까지 내가 만난 사람들은 진짜 엘리트가 아니라 그냥 평범한 정도였다는 사실을 깨달았다.

게다가 대학교에 들어가기 전에 어떤 책을 읽었는지 묻자 그는 영국 전 수상 윈스턴 처칠이 쓴《영어권 사람들의 역사A History of the English-Speaking Peoples》라고 대답했다. 전 4권으로 되어 있는 이 책에는 로마 공화정 말기의 정치가이자 장군인 율리우스 카이사르의 브리타니아(현재의 영국 브리튼섬-옮긴이) 침공부터 처칠 수상이 제2차 보어전쟁(1899~1902)에 나설 때까지의 이야기가 그려져 있다. 그런 상황에서 영어가 어떻게 시작되고 어떤 언어의 영향을 받았는지, 영어권 국민의 성격과 국제적인 지위는 어떻게 변화해왔는지 등이 다양하게 서술되어 있다.

"미국에서는 아버지가 자녀의 대학 입학을 축하하면서 이 책을 읽게 하는 게 일반적이야."

그의 말에 나는 또 한 번 충격을 받았다. '안 되겠다. 이대로라면 그들에게 지고 말 거야' 하고 정신이 번쩍 들었다.

이를 계기로 나는 내가 맡은 업무와 관련된 세계의 농업에 관해 공부하기 시작했고, 귀국하기 전에는 〈니혼게이자이〉에서 세계의 곡물 업계에 관한 원고를 의뢰

받게 됐다. 귀국한 후에도 아무리 술을 많이 마시고 귀가한 날도 반드시 공부 시간을 할애했다. 또한 비록 직급이 과장에 지나지 않지만 학자들이 모이는 토론회에도 부지런히 참석했다. 그러는 동안 일본의 업계 신문에 '미국 농업의 간단한 역사'나 '미국 농업 풍토기' 같은 연재 기사를 집필하게 됐다. 역사를 조사하기 위해서 미국 도서관에 편지를 보내 일본에서는 손에 넣을 수 없는 책의 복사본을 받기도 했다. 30대 후반에서 40대 초반에 걸친 '잠자리'의 시기였다.

나는 '일본 학자에게 버금가는 수준'을 목표로 삼고 학자 이상으로 깊이 공부했다. 당시의 일본 학자는 세계 최첨단에서 5~6년 뒤처진 자료와 데이터를 근거로 논의하고 있었지만, 나는 미국 농무부가 발행하는 최신 자료를 워싱턴에서 받아서 읽고 현장에서 올라오는 다양한 데이터도 샅샅이 읽었다. '5년 전의 자료를 토대로 한 연구 논문으로는 전혀 의미가 없지. 업계 사람들이 읽고 있는 것은 최신 데이터다. 학자와 논의한다고 해도 지지 않겠어' 하는 기개였다.

거의 같은 시기에 미국의 지인 폴 사노프가 쓴 《실버

불스Silver Bulls》라는 책을 번역해서《실버 전쟁: 실록 '핸드 은 투기 사건'》이라는 제목으로 〈니혼게이자이〉에서 출간했다. 뉴욕을 배경으로 은 상장의 내막을 그린 책인데, 사전에 나오지 않는 특수한 업계 용어도 많아서 모르는 부분은 출장 때 저자를 직접 만나 설명을 듣기도 했다. 또한 대학원에서 강의를 부탁받기도 했다. 이런 기회를 얻을 수 있었던 것은 미국에서 진짜 엘리트가 공부하는 모습에 자극받아 그를 의식해서 필사적으로 공부한 덕분이다.

나와 같은 경험은 해외를 1~2주 돌아다닌다고 해서 얻을 수 있는 것은 아니다. 적어도 몇 개월은 머물면서 자신과 비슷한 나이의 진짜 엘리트와 접촉하거나 일류 대학의 명교수에게 배우는 편이 좋다. 그리고 그곳에서는 될 수 있으면 같은 나라 사람들과 어울리지 않는 편이 좋다. 가능하면 모국어를 쓸 일이 없는 곳으로 가라고 젊은이들에게 조언하고 싶다.

뉴욕에서 근무하던 시절, 초기에는 영어로 능숙하게 말하지 못했기 때문에 퇴근하면 영어 학교에 다녔다. 그곳에는 나처럼 일본의 상사에 근무하는 사람이 여러 명

다니고 있었지만, 그들과 접촉을 피하고 일본어가 통하는 일식 레스토랑에도 가지 않았다. 아무리 영어 학교에 다녀도 수업 후에 모국어만 사용하면 영어 실력이 좀처럼 늘지 않기 때문이다. 영어를 익히는 가장 좋은 방법은 습관이다. 나는 미국 친구들이나 외국에서 온 사람들과 함께 영어 가이드북을 토대로 4성급 이상의 레스토랑을 다 찾아다녔다.

사장으로 취임하고 나서는 입사 4년 이내의 사무직 젊은이 전원에게 해외 연수 기회를 줬다. 기간은 가장 짧게는 4개월이고, 긴 사람은 다른 연수와 연결해서 2년까지였다. 미국뿐만 아니라 중국이나 유럽에 파견하는 경우도 있었다. 나는 그들에게 어학 실력을 키우는 것 이상으로 일본인 이외의 전 세계 사람들과 접촉하면서 자극을 받기를 기대했다. 경쟁 상대는 세계에 얼마든지 있으며, 그들은 지금도 열심히 공부하고 있다는 사실을 알기 바랐다. 젊을 때 그런 경험을 하면 모든 일을 넓은 시각으로 바라볼 수 있게 되고 국제무대에서 자국민끼리만 뭉치는 우물 안 개구리가 되지 않을 수 있다.

자국에서 가까이 있는 친구만 보고 있으면 시야가 좁

아지고 일과 공부의 진정한 깊이도 알지 못한다. 당신도 꼭 외국의 분위기를 접하고 식사든 뭐든 모든 면에서 진짜 일류를 알게 되길 바란다. 그리고 자기 일에 관한 분야만이 아니라 '외국인에게 지지 않을 테다' 하는 마음가짐으로 국가의 장래를 위해서도 공부를 계속하길 바란다.

출퇴근 전철을
독서 공간으로 삼아라

어릴 때부터 나는 매일같이 책을 읽었다. 회사에 다니면서부터는 읽고 싶은 책에는 돈을 아끼지 않고 아무리 비싸도 주저 없이 사곤 했다. 이것만은 내게 허용된 최고의 사치이며 자신을 성장시키기 위한 투자라고 생각했다.

뉴욕에서 귀국한 뒤 출퇴근 전철에 앉아 책을 읽고 싶어서 일부러 회사까지 한 시간 정도 걸리는 교외의 종점 근처에서 집을 구했다. 종점에서 타면 반드시 앉을 수 있으니 독서에 집중할 수 있으리라 판단했다. 또 집에 돌아갈 때는 종점이므로 독서에 열중한다 해도 내릴

역을 지나칠 일이 없다고 생각했다.

그리고 밤에 잠자기 전에도 반드시 30분 동안은 책을 읽는다. 아무리 졸려도, 아무리 술을 마시고 들어왔어도 자기 전 30분의 독서는 절대로 멈추지 않겠다고 스스로 다짐해왔다. 활자 중독증에 가깝다고도 할 수 있는데, 얼마나 도움이 될지는 생각하지 않는다. 최근에는 미지에 대한 탐구심이 그렇게 시키는 것이라고 생각하게 됐다.

요즘 실감하는 사실인데, 고령이 되면 책 읽는 속도가 느려지고 몸의 부품도 이전처럼 잘 돌아가지 않는다. 그러니 젊을 때 마음껏 책을 읽기를 권한다. 독서는 많은 가르침을 주고 인생을 풍요롭게 한다. 독서의 효용 중 하나가 논리적 사고력을 기를 수 있다는 것이다. 거래처나 상사를 설득하고, 프로젝트를 진행하거나 부하를 일에 동참하게 할 때 자기 생각을 조리 있게 말하는 능력은 필수 조건이다. 논리는 나이도 경험도 각기 다른 사람들이 서로를 이해하는 데 필요한 중요한 도구다. 논리적인 사고와 화법은 오랜 세월의 독서로 기르는 수밖에 없다. 임시변통으로 요령을 알려주는 책을 읽는다고 해서 금방 몸에 익는 게 아니다.

또한 독서를 하면 상상력도 기를 수 있다. 예를 들어 톨스토이의 작품을 읽으면 당시 러시아 사람들의 생활상을 알 수 있다. 서민은 어떤 마음으로 살았을지, 자신이 그곳에서 생활했다면 어떤 생각을 했을지 상상력을 발휘하는 것도 독서의 묘미 중 하나다. 지금은 인터넷으로 뭐든지 재빠르게 알 수 있지만, 답을 즉시 알아내면 상상력이 빈약해지지 않을까.

그 밖에도 독서를 통해 세상을 통찰하는 능력을 기를 수 있고, 세상의 상식과 자신은 할 수 없는 경험을 간접적으로 접하면서 식견을 넓힐 수 있다. 또한 '나는 세상 물정을 잘 모르는구나' 하고 자신의 무지를 알게 되기도 한다. 책을 읽지 않으면 자신이 무지하다는 사실조차 깨닫지 못한다. 독서의 효용을 열거하자면 끝이 없다. 한마디로 말하자면, '사람은 독서로 연마된다'라고 할 수 있다.

어떤 상황에서나 이렇게 독서의 이점을 말하고 다녔더니 "추천하실 만한 책이 있나요?" 하는 질문을 자주 받는다. 그때마다 나는 "그런 책은 없어요. 자신에게 좋은 책은 자신이 골라야 해요"라고 대답한다. 나한테 재미가 있었다고 해서 반드시 다른 사람도 그렇게 느끼는 건 아니다. 타인에게 추천받아 읽을 게 아니라 지금 자신이 가장 관심을 갖고 있는 책을 읽으면 된다.

배가 부를 때는 산해진미도 그저 그런 것과 마찬가지로, 원하는 마음이 없으면 어떤 책을 읽어도 즐겁지 않고 감동도 느끼지 못한다. 다만, 업무에 필요해서 그다지 관심이 없는 책을 거의 의무처럼 읽어야 할 때도 있을 것이다. 그럴 때는 '일을 성공시키기 위해서 읽고 있다'고 마음가짐을 바꾸면 된다. 의식해서 목표를 설정하면 아무리 끌리지 않는 책에서라도 '모르던 것을 알게된다는 기쁨'을 발견할 수 있다.

"가장 감동적이었던 책을 한 권 꼽아주십시오" 하는 요청을 받을 때도 나는 "내가 꼽아주는 건 의미가 없지요"라고 대답한다. 독서에서 받는 감동은 자신이 처한 환경과 입장, 경험, 나이 등에 따라 다르기 때문이다.

앞서 내가 학창 시절에 《장 크리스토프》를 읽고 크게 감동했다는 얘기를 했는데, 3년쯤 전 오랜만에 다시 읽어보니 그다지 감동이 느껴지지 않았다. 《장 크리스토프》는 상당히 긴 장편소설로, 문고본으로 총 4,000페이지 가까이 된다. 결국 절반 정도 읽다가 포기했다.

20대 초반에 읽었을 때와 70대가 되어 읽을 때 받는 느낌이 다른 것은 당연하다. 만약 젊을 때와 똑같이 감동했다면 나는 50년 이상 제자리걸음을 했다는 뜻이 되고 만다. 일이나 인생의 목표도 나이에 따라 바뀐다. 예를 들어 80세 가까이 되어 "제 목표는 돈을 모으는 것입니다"라고 말하는 사람은 거의 없다. 있다고 해도 돈만으로는 만족하지 못할 것이다. 어느 정도의 나이가 되면 '가난해도 마음이 편해야 최고지' 하고 생각하게 된다. 인간은 언제까지나 같은 것에 감격하지 않는다.

책을 읽을 때는
몸 전체를 사용하라

인간은 '망각의 동물'이다. 책을 읽다가 좋은 말이 쓰여 있으면 '나도 써먹어야지' 하면서도, '나중에 필요할 때 다시 꺼내면 되지 뭐' 하다가 결국 그 책을 어디에 두었는지도 모르게 되고 만다. 결국 그 책을 찾아 꺼내 들었지만 예전에 감동했던 부분을 좀처럼 찾지 못하기도 한다. 애초에 어떤 책에 쓰여 있었는지조차 도통 생각나지 않을 때도 있다. 그래서 나는 책을 읽다가 마음에 와닿는 구절이 있으면 이런 방법으로 기록해둔다.

우선 책을 읽으면서 인상적인 말, 흥미로운 정보, 중요하다 싶은 부분에 밑줄을 긋거나 포스트잇을 붙여둔다. 그 페이지의 여백에 '이 부분은 이렇게 생각하면 되지 않을까?' 하는 감상을 메모하기도 한다. 책을 다 읽은 후에는 다시 한번 첫 페이지부터 홀홀 넘기면서 표시해놓은 밑줄과 포스트잇, 메모에서 멈춰 밑줄 부분이나 내가 남긴 메모를 읽는다. 그리고 그 가운데서 '이건 중요해. 꼭 기억해야지' 하고 생각한 부분을 노트에 베낀다. 이 작업은 시간과 수고가 들기 때문에 주말이나 쉬는 날에 몰아서 하기도 한다.

이때 '자신의 글씨로 적는' 행위가 중요하다. 눈으로 글자를 좇으며 기억하려고 하면 좀처럼 기억되지 않지만, 손을 사용해 시간을 들여 적으면 꽤 잘 기억된다.

책을 두는 공간은 한정되어 있으므로 이렇게 노트에 옮겨 적고 나면 그 책은 처분해도 좋다. 중요한 부분은 적어두었기 때문에 책 한 권이 자신의 노트에 남아 있다고 생각하는 것이다. 읽고 나서 치우지 않으면 끊임없이 늘어나므로 나는 계속 처분하고 있다.

'다 읽으면 헌책방에 팔아야 하니까 깨끗하게 다뤄야지' 같은 쩨쩨한 생각은 하지 말자. 어지간히 희소한 책이 아닌 한 어차피 헐값이다. 망설이지 말고 밑줄도 마음껏 긋고 여백에 메모하면서 책을 마음껏 더럽혀라.

나는 이처럼 노트에 베껴 쓰기를 시작한 지 20년이 넘었는데 노트 4권 정도가 메모로 가득하다. 다른 사람에게 보여준 적은 없지만 페이지마다 작은 글씨가 빼곡하게 들어차 있다.

글을 새로 베낄 때, 하는 김에 다른 페이지를 넘겨서 보면 때때로 새로운 발견도 하게 된다. '이 저자는 저 저자와 반대로 말하고 있군', '이 사상과 저 사상을 비교하면 재미있겠네' 하는 식으로 깨닫는 것이 있고 그런 내용이 강연의 소재가 되기도 한다. 또한 강연이나 연설 내용을 생각할 때 '저건 누구의 말이었지?' 하고 의문이 들어 노트를 찾아보기도 한다. 이처럼 나는 단순히 적는 것으로 끝내지 않고 실제로 다양하게 활용하고 있다.

더 젊었을 때 이 노트를 시작했다면 한층 더 좋았을 것이다. '20대에는 이런 것도 몰랐던가?', '30대 때는 이런 문장이 심금을 울렸구나!' 하고 자신을 돌아볼 수 있을 테니 말이다. 연령대에 따라 마음을 움직인 대상이 다르고 시대도 반영되어 있으므로 자연스럽게 자신의 역사가 될 수 있을 것이다.

노트에 베껴 쓰기는 자신이 하고 싶은 방법대로 하면 된다. 귀찮게 여겨지면 결국 계속하지 못하게 되니 자신이 실천할 방법을 각자 생각하면 좋을 것이다. 어떤 방법이 최선이라고 정해져 있지는 않다.

다만, 한 가지 말하고 싶은 것은 너무 반듯하게 격식을 갖추려고 하지 말라는 것이다. 그렇게 하면 번거롭게 느껴져 오히려 오래 지속하지 못한다. 남에게 보여줄 게 아니므로 지저분해도 상관없다. 어떤 식이든 계속하는 것이 가장 중요하다. 약간 엉성하고 불편한 면이 있어야 나중에 들여다봤을 때 재미가 있어 얻을 게 많을 수도 있다.

공부하지 않으면
기회를 잡을 수 없다

기회는 그리 자주 있는 게 아니라는 말을 흔히 한다. 하지만 나는 기회란 여기저기 있고 누구에게나 평등하게 주어진다고 생각한다. 다만 눈앞에 흐르고 있는 정보를 그저 '멍하니' 바라보고만 있으면 아무 소용이 없다. 평소에 관심 있는 정보를 머릿속에 넣어두고, 신경이 쓰이는 내용이 있으면 조사해두는 자세가 필요하다. 같은 신문 기사를 읽어도 평소에 조사하는 습관이 있는 사람은 '이건 앞으로 참고가 되겠는걸!' 하고 딱 감을 잡는다.

2018년 가을에 일본인이 민간인으로서는 세계 최초로 달 궤도 여행을 하게 됐다는 보도가 나오면서 화제를 모았다. 이 로켓을 개발해 쏘아 올리는 주체는 통칭 '스페이스X'라는 미국의 민간 우주개발회사다(참고로 이 회사의 창립자 일론 머스크도 남아프리카공화국에서 미국으로 온 이민자다). 일찍이 미국과 소련 양국이 치열한 우주 개발 경쟁을 벌이던 냉전 시기에는 로켓 개발과 발사가 100% 국가 프로젝트였기에 이런 일은 아무도 상상할 수 없었다. 하지만 최근에는 미국 외에 영국, 인도, 중국, 일본 등 민간 기업도 우주 비즈니스에 참가하고 있다.

이들 기업이 '우리도 할 수 있지 않을까?' 하고 생각한 직접적인 계기는 기술의 발달로 저비용, 고성능 로켓 부품을 개발하게 된 데 있을 것이다. 그런 한편, 평소 우주 비즈니스에 관심을 가지고 여러 가지를 공부해온 사람 중에서 '그러고 보니 비슷한 선례가 있어' 하고 생각했을 수도 있다. 인터넷 개발 역시 애초에 미국 정부가 주도했지만 지금은 민간 기업이 사이버 공간을 지배하고 있지 않은가. 더 거슬러 올라가면 대항해 시대에는 서구 제국이 동인도회사와 같은 민간 회사를 창설하고 해외 진출에 수반되는 위험에 대한 대가로서 교역 독점권을 주었다. 그러니 '언젠가 우주도 그렇게 될 것이다.

이것은 비즈니스 기회다. 좋아, 우리도 해보자!'라고 생각한 사람도 있지 않았겠는가. 어디까지나 나의 상상이지만 관심 있는 일에 관해 폭넓게 공부하고 있으면 다른 사람이 미처 알아차리지 못하는 시점에 먼저 일의 기회를 발견할 수 있다는 것은 분명하다.

관심 있는 정보를 '이건 어떻게 된 거지?' 하고 생각하면서 읽고 머릿속에 집어넣는다. 그런 다음 '왜?' 하고 의문이 든 내용을 조사하고 반복해서 생각한다. 그러는 동안 자신의 지식이 되고 미래의 꿈을 이룰 실마리를 찾는 행동으로 연결된다.

우리가 책, 신문, 잡지, 인터넷 등에서 얻은 정보는 그저 단편적인 것에 지나지 않는다. 단순한 정보를 아무리 많이 갖고 있다 해도 그것만으로는 지식이라고 부를 수 없다. 정보는 '생각하는 작업'을 거쳐야 지식이 된다. 생각하면서 읽어야 다양한 정보가 유기적으로 결합돼 비로소 지식이 되는 것이다. 뉴욕 주재원 시절 세계의 곡물 업계에 관해 〈니혼게이자이〉에 원고를 쓰면서 이런 이치를 의식하게 됐다. 원고를 쓸 때는 현장 조사에서 얻은 정보와 자료, 책에서 얻은 정보를 종합해서 내 나름대로 생각을 정리해 문장으로 표현한다. 그 문장을 많은 독자에게 알기 쉽게 전달하려면 생각하면서 책을 읽거나 자료를 분석하는 일이 매우 중요하다는 걸 깨달은 것이다.

책과 자료를 읽으면서 '왜?' 하고 의문이 들면 당장 조사했다. 밥을 먹다가도 '이건 어떻게 된 거지?' 하는 생각이 떠오르면 바로 백과사전을 꺼내 들었다(그러다가 딸에게 "아버지, 식사 중이에요" 하고 한마디 들은 적도 한두 번이 아니다). 예를 들어 '앞으로 세계의 식량 사정은 악화된다'라는 주제가 나오면 '그것은 중국의 탓인가? 아니 그렇지 않다고 말하는 사람도 있다. 진실은 무엇일까?' 하며 생각의 흐름을 따라 조사를 거듭한다. 이렇게 호기심을 좇아 공부하는 일은 혈기가 넘쳐흐르는 '미지의 세계에 대한 도전'이기도 했다.

생각하면서 책을 읽는 일과 더불어 중요한 것이 스스로 1차 정보를 얻으려는 노력이다. 나는 뉴욕에서 일할 때 이토추상사의 임원이었던 세지마 류조에게 이런 말을 들었다.

"만약 문제가 생기면 즉시 비행기를 타고 현지로 날

아가게. 돈은 신경 쓰지 말고."

세지마는 태평양전쟁 때 육군부의 작전참모였다. 11년간의 시베리아 억류를 거쳐 이토추상사에 입사한 후 나중에 회장까지 역임했다. '모든 것은 현장에 있다. 1차 정보를 중요하게 여겨라'라는 뜻의 이 조언은 현장을 보지 않고 본부에서 작전을 지휘한 데 대한 자기반성의 의미를 담은 교훈이었다고 생각한다.

곡물 선물거래에서 시세 변동으로 500만 달러 가까운 손실을 안게 됐을 때, 나는 이 말의 무게를 절감했다.

이미 언급했듯이 대실패의 원인은 〈뉴욕타임스〉 1면에 실린 '올해는 심각한 가뭄이 든다'라는 기사를 그대로 받아들였기 때문이다. 당시 나는 이 기사의 정보가 어디서 나온 것인지, 기자는 현지에 얼마나 가봤는지, 어디까지가 자신의 눈으로 확인한 것인지 하는 세심한 데까지 헤아리지 못하고 신문에 실린 2차 정보를 그대로 믿었다. 이후 내가 산지에 몇 번이나 찾아가고, 민간 기상예보회사와 미국 기상청에서 데이터를 입수한 것은 2차 정보를 그대로 받아들였던 실수에 대한 철저한 반성의 결과였다.

그 손실을 만회한 다음 해, 〈뉴욕타임스〉에는 '밀 생산 지대가 심각한 가뭄이다'라는 기사가 실렸다. '이번에는 속지 않을 테다' 하면서 나는 곧바로 비행기를 타고 캔자스주로 날아가 렌터카를 타고 다니며 광대한 밀밭을 둘러봤다. 밭을 바라보니 한없이 푸르렀고, 바짝 말라버린 모래땅은 어디에도 없었다. '뭐야, 완전히 오보잖아. 밀 거래를 할 필요가 없겠군' 하고 판단했다. 자랑 같아 뭣하지만, 그때 모두가 밀을 사들이는 와중에 우리는 사지 않아 손실을 피했다.

이 경험에서 나는 정보의 질을 확인하는 일이 얼마나 중요한지를 배웠다. 특히 요즘 시대는 인터넷을 중심으로 엄청나게 많은 정보가 넘쳐나는 데다 가짜 뉴스도 횡행하기 때문에 손에 넣은 정보는 반드시 한 번쯤 의심해봐야 한다. '출처는 어디인가?', '정보의 질은 어느 정도인가?', '무엇이 올바르고 무엇이 잘못됐는가' 등을 항상 생각하면서 정보를 접해야 한다.

이익의 근원이 어디에 있는지를
항상 생각하라

나는 사업본부장 시절에 비즈니스 모델로 전략적 통합 시스템SIS, Strategic Integrated System을 도입했다. 새로운 비즈니스 기회를 창출하기 위해서 구상한 시스템이다. SIS를 한마디로 설명하면, 원료 확보에서 시작해 상품의 생산에서 소비까지 전체의 흐름에 투자하고 관여하는 걸 말한다. 곡물을 예로 들어 설명해보겠다.

상품에도 '요람에서 무덤까지'의 흐름이 있다. 밀가루라면 원료인 밀의 씨앗을 심고, 수확하고, 운반하고, 1차 가공으로 밀가루가 되고, 2차 가공으로 빵이나 국수 같은 식품이 되어 소매점으로 가고, 최종적으로 소비자의 입으로 들어간다.

당시 우리 회사는 이 흐름 중에서 고작 중간 유통까지밖에 다루지 않았다. 미국이나 중국 등지에서 대량으로 생산된 밀가루를 일본으로 들여와 빵 등을 만드는 제조사에 파는 과정까지였다. 이를 강물에 비유한다면 강의 상류에만 관여한 셈이다. 밀가루를 2차 가공해서 빵을 만드는 강의 중류와 그 상품을 판매하는 강 하류에는 직접 관여하지 않았다. 이는 이토추상사만이 아니다. 당시 일본의 상사는 어디나 같은 비즈니스 구조였다. 하지만 나는 '이런 식으로는 상사의 미래가 없다'고 생각했다. 이 비즈니스 모델은 리스크가 크기 때문이다.

예를 들어, 밀이 대풍작으로 남아도는 해라면 상사(강의 상류)는 손해를 보더라도 밀가루를 덤핑으로 넘길 수밖에 없다. 싼 가격에 밀가루를 산 제조사(강의 중류)는 평소와 같은 가격에 빵을 소매점(강의 하류)에 팔기 때문에 더 많은 이득을 본다. 반대로 가뭄 등으로 밀가루가 부족해지면 이번에는 상사가 이득을 본다. 2차 가공 업체에 비싸게 팔 수 있기 때문이다. 하지만 이런 불안정한 비즈니스는 이제 끝내야 한다. 벌이가 들쭉날쭉

해서는 안 되고 언제나 이익을 내야 한다. 그렇다면 어떻게 해야 할까? 강의 상류, 중류, 하류에 전부 관여하면 된다.

미국과 중국에서 원료를 사서 반제품으로 만들어 제조사에 가지고 간다. 가공한 상품을 다시 배송해 소비 시장으로 가져간다. 이렇게 강물의 흐름 전체에 관여하면, 상류의 원료 시장이 흔들려 손해를 봤을 때도 하류의 빵 판매 시장은 호조를 띠어 이익을 낼 수 있는 구조가 된다. 즉, 어느 단계에선가는 늘 좋은 기회를 찾아낼 수 있다.

원래 강 상류부터 하류까지 모든 단계에서 이익을 얻을 수 있는 업계는 별로 없다. 흐름을 종합했을 때 통틀어 이익이 나면 되는 것이다. 그렇게 하면 수익을 안정시킬 수 있다. 이것이 수직계열화다.

수직계열화를 하면 지금까지 고객이었던 제조사와 경쟁 상대가 되기도 하지만, 그렇다고 시도도 하지 않고 포기한다면 회사는 언제까지나 이익을 내지 못하는 상태에 머물 것이다. 사실 엄밀히 말하면, 제조사나 소매점을 방해하는 것도 아니다. 제조사 중에는 원재료를 직접 만들지 않고 상사의 자회사에서 재료를 구입하는 곳도 있다. 그편이 비용이 더 싸기 때문이다. 그와 같은 일련의 과정을 더 크고 종합적인 시스템으로 구축하는 것이다.

이렇게 해서 회사에 도입한 것이 SIS라는 비즈니스 모델이다. 이 전략적 통합 시스템은 수익구조의 변혁을 의미했다. 지금 당장 큰 수익을 올리지는 못해도 미래를 생각하면 절대적으로 필요하다고 판단했다. 강 하류의 분야에서 고객과 접점을 만들었다면 소비자의 니즈를 강 상류나 중류에도 반영해 그곳에서 또 다른 비즈니스를 개발해나갈 수 있다. 이런 자세를 갖지 않으면 이길 수 없다.

"상사라고 해서 그저 물건을 이쪽에서 저쪽으로 움직여 차익을 거두는 시대는 끝났습니다. 이익의 근원이 어디에 있는지를 항상 생각하고 새로운 수익원을 적극적으로 찾아야 합니다."

사장이 되고 나서도 나는 계속 이렇게 강조해왔다. 이런 사고야말로 상사가 제 기능을 온전히 발휘할 수 있는 바람직한 길이라고 확신한다.

수비와 공격을
동시에 하라

내가 부사장으로 일하던 1998년 2월, 회사는 편의점 훼미리마트의 주식을 취득하여 대주주가 됐다. 앞에서 설명한 수직계열화에 따라 수익구조를 대폭 개혁하기 위해서였다. 편의점에 바로 '이익의 근원'이 있었던 것이다.

당시 편의점은 파죽지세였다. 일본 전국에 약 4만 개의 점포가 있었고 대략 2,000명당 한 개의 비율로 출점되고 있었다. 일본 인구는 1억 2,000만 명이므로 단순히 계산해도 최종적으로는 6만 점포까지 늘어난다. 즉 앞으로 2만 점포가 새로 생겨날 여지가 있다.

게다가 일본은 국토가 좁아서 주택 밀집 지역에 출점하면 편의점이 각 가정의 냉장고처럼 사용될 수 있다. 프라이빗 브랜드PB, Private Brand(유통판매업자의 상표-옮긴이)로 새로운 상품을 개발할 수도 있다. 실제로 지금 그렇게 됐다.

경영이라는 것은 이렇게 세상의 동향을 끊임없이 주시하면서 어느 단계(강의 상류, 중류, 하류)가 앞으로 돈이 될 것인지, 이익의 근원은 어디에 있는지를 확인해야 한다.

상사에는 편의점을 확보하는 일이 큰 비즈니스 기회로 연결된다. 원래 이런 계획이 있었기에 내가 업무부장이던 무렵부터 훼미리마트를 눈여겨봤고, 약간의 주식을 사고 사람을 파견하기도 했다. 당시의 식료 부서에서도 훼미리마트의 주식을 조금씩 사 모으는 전략을 펼치고 있었다.

때마침 당시 훼미리마트의 대주주였던 세존그룹Saison Group(무인양품, 훼미리마트, 세이유, 세이부백화점 등을 중심으로 한 유통 최대 기업. 2000년대 전반 거품경제 붕괴의 여파로 해체되고 무인양품을 비롯한 각 계열사는 다른 기업에 매각, 흡수됐

정도 한층 밝아졌다. 고객의 니즈에 부응하는 일은 직원에게 무엇보다 큰 기쁨이며 회사 번영의 근본이라고 할 수 있다.

AI가 인간을
대체할 수 있을까

AI 기술의 혁신은 눈부실 정도이며 연구에서 실용화까지의 기간도 점점 짧아지고 있다. 사람과 대화할 수 있는 로봇이 등장하고, 기업의 콜센터 대응 업무에 도입되거나 자동차의 자동운전을 가능케 하는 등 이미 다양한 분야에서 활용되고 있다. AI가 바둑과 장기의 최고 프로 기사들과 대결하여 승리했다는 뉴스도 자주 접한다.

한편으로 기술의 발전을 염려하는 목소리도 들린다. 그 예로, 마이크로소프트에서는 인터넷상에서 인간과 대화하면서 스스로 학습하고 발전하는 AI의 실험을 일시적으로 중단한 적이 있다. 그 이유는 사용자가 부적절한 내용을 설정한 결과 AI가 나치스 찬양 발언을 하게 됐기 때문이라고 한다.

'AI가 인간을 대신하면 인간은 지금까지의 일을 빼앗기는 게 아닐까?' 하는 불안이 확산되고 있다. 이는 매우 중요한 주제다. 나는 AI가 인간을 대체할 수는 없다고 생각한다. 그 이유로 몇 가지를 들 수 있다.

예를 들어 AI는 과거의 방대한 사례와 데이터를 인간은 도저히 따라 할 수 없는 속도로 순식간에 분석하고, 스스로 학습한 내용과 대조하여 그 상황에 최적화된 판단을 한다. 나쁘게 말하면 전형적인 전례주의前例主義다. 이른바 관료의 화신 같은 거라서 새로운 것에 도전하거나 자신의 감각으로 '새로운 무언가'를 생각해내는 능력에는 의문이 들 수밖에 없다. 더욱 근본적인 이야기를 하자면, 그 AI에 대체 어떤 사례와 데이터가 들어가느냐 하는 점도 문제가 될 수 있다. 또한 야성적인 발상, 직감, 순발력 등의 능력도 AI에게는 없다.

하지만 인간에게는 그런 능력이 있다. 나는 상대와 이야기할 때 '이 사람은 꽤 출세하겠는걸' 하는 느낌이 있다. 이런 직감은 젊고 경험이 부족할 때는 작동하지 않는다. 발상이나 직감은 인생 경험과 전문 분야에서의 경력을 상당히 쌓아야 겨우 작동한다.

일본 장기의 대가인 하부 요시하루가 이런 이야기를 했다.

"'이렇게 했더니 이겼다' 하는 사례를 거듭 연구한다고 해도 직감으로 이어지지는 않습니다. 그것보다는 시간과 상황이 한정된 실제 판세에서 선택을 반복하는 것, 과거의 형세를 축적하는 것이 아니라 실전을 축적하는 것이 직감을 연마하는 길이라고 생각합니다."

AI가 인간을 대신하는 일은 없을 거라고 생각하는 가장 큰 이유는 AI에겐 마음과 열정이 없기 때문이다. 마음이 없기 때문에 감정에 좌우되지 않는 안정된 판단을 내리겠지만, 일에는 희로애락이 따라다니기 마련이다. 앞서도 설명했듯이 인간은 일을 통해 기뻐하고 노하고 슬퍼하고 감동하면서 성장해나간다. 이런 성장은 AI에게는 불가능하다. 따라서 'AI 대 인간'의 최종 승부는 '마음'과 '열정'이라는 부분에서 판명 날 것이다.

가까운 미래에 10대, 20대가 AI와 협력해 사회와 기업 안에서 획기적인 혁신을 일으킬 가능성도 물론 부정하지는 않는다. 하지만 그 경우에도 마지막 열쇠는 거기에 마음과 열정이 있는가, 일을 하는 사람들에게 마음의 성장이 있는가 하는 점이라고 생각한다.

앞으로의 사회와 기업은 인간이 고유의 능력을 최대한으로 발휘할 수 있는 일을 하면서 마음을 성장시켜나갈 수 있도록 AI를 활용해 최적의 환경을 만들어갈 필요가 있다. 다시 말해 인간이라는 자산의 가치를 극대화하는 도구로서 AI를 활용하는 것이다. 아무리 시대가 바뀌고 AI 같은 과학기술이 진화해도 국가와 기업 경영의 참뜻이 '마음을 지닌 인간'을 능률적으로 활용하는 데 집중된다면, AI가 인간을 지배하는 일은 없으리라고 본다. 즉 인간을 지배하는 것은 인간밖에 없다고 나는 확신한다.

한 발
앞으로!

"선배가 깔아놓은 레일 위를 매일 걷고 달리면서 자신이 다 해냈다는 듯이 자만하지 마십시오."

사장으로 일하던 무렵, 나는 항상 자신에게도 그리고 직원들에게도 이렇게 말했다. 리스크를 감수하고라도 새로운 비즈니스 모델을 만들려는 기개 넘치는 직원이 줄어들고 있다고 생각하기 때문이다. 어느 회사나 마찬가지일 것이다.

해외에서 베스트셀러가 된 상품이 있다거나 국내에서 어떤 독특한 상품이 출시됐다는 정보를 입수하면, '이것을 우리 회사에서 취급할 수는 없을까?' 하며 아이디어를 짜내고 특허를 누가 갖고 있는지 조사하고 제조사를 찾아가기도 해야 한다.

새로운 비즈니스를 구상하려면 최소한 이 정도의 열정과 행동력이 있으면 좋겠는데 대부분 사람은 아무 감정 없는 표정으로 정보를 바라보기만 할 뿐 스스로 행동을 일으키려고 하지 않는다. 지시받은 일만 하고 미지근한 물처럼 데일 염려 없는 일을 하는 편이 확실히 고생은 덜 할지 모른다.

또는 자신에게는 그런 권한이 없다고 생각할 수도 있을 것이다. 하지만 권한이 없어도 상사에게 의견을 말할 수는 있다. 그리고 어느 정도의 권한을 갖고 있는 사람이라면 그 권한을 사용해서 새로운 일을 넓혀가야 한다.

나는 직원들에게 이런 말도 자주 한다.

"여러분, 정말로 몸이 떨릴 정도로 긴장이 느껴지는 일을 하세요."

어느 쪽으로 굴러가든 그다지 상관없는 일만 계속한다면 감동이나 감격을 느낄 수 없다. 성장도 바랄 수 없다.

지금 몸을 담그고 있는 미지근한 물에서 빠져나오자. 그런 다음 상상력을 발휘하고 커다란 구상을 하자. 그 비즈니스를 성공시킬 수 있을지 아니면 오히려 나락으로 떨어질지 누구도 알 수 없다는 긴장감을 갖고 일을 하자. 그러면 마음에 언제까지나 남을 커다란 기쁨과 눈물이 날 정도의 감동과 감격을 맛볼 수 있다.

이 책에서 밝힌 나의 경험에 비추어 봐도 긴장이 동반되는 일일수록 그 일을 성취했을 때 얻을 수 있는 감동이 더욱 크고, 인간으로서 한층 더 성장해나갈 수 있다.

내가 몇 번이고 강조한 '사람은 일로 연마된다'라는 말의 진의가 바로 이것이다. 가만히 있어서는 아무 일도 일어나지 않으며 아무것도 달라지지 않는다. 사람은 일을 통해 단련되고 성장한다.

어떤 사소한 일도 좋다. 지금 당장 용기를 내어 앞으로 한 발짝 내디뎌보자. 눈앞에 펼쳐진 경치가 분명히 다를 것이다. 지금까지 보지 못했던 새로운 경치를 발견하길 진심으로 바란다.

마지막으로, 이 책을 출판하는 데 온 힘을 다해준 고단샤의 다나카 히로후미, 미디어프레스의 오카무라 히

로쓰구, 프리랜서 다케우치 게이코에게 다시금 감사의
말씀을 드린다.

2019년 1월

니와 우이치로

인생 조언,
그 이상의 진심

일본 굴지의 거대 종합상사인 이토추상사에 신입사원으로 입사해 회장까지 역임한 니와 우이치로. 그는 이 책《일이 인생을 단련한다》에서 자신의 경험을 토대로 일과 조직 그리고 인간관계를 둘러싼 인생에 대해 이야기한다.

올해 만 여든의 나이를 맞은 그가 한창 일하던 시절은 아득히 먼 옛날이다. 왜 아니겠는가. 그 사이 강산이 변해도 몇 번은 변했고, 이런 비유조차 시대에 뒤떨어진 표현으로 느껴지는 오늘날은 이동통신기술도 LTE를 넘어 5G로 들어선 급변하는 최첨단 세상이니 말이다.

이런 세상을 사는 사람들에게 아날로그적 시대를 살았던 경영자의 이야기가 얼마나 가슴에 가닿을 수 있을까. 원서를 펼쳐들기 전 잠깐 의문을 품기도 했다. 하지만 나의 우려는 책의 〈프롤로그〉을 읽으면서 여지없이 깨졌다.

묵직하면서도 차분한 어조로 쓰인 그의 글에는 그저 경험에서 우러난 인생 조언이라는 말로는 부족한 진심과 뜨거움이 담겨 있다. 젊은 날 일에 신념과 열정을 모두 쏟아부은 그는, 이 책에 자신의 직업관은 물론, 상사와 부하에 대한 깊은 신뢰와 애정을 인간 본연의 투명한 마음으로 한 줄 한 줄 기록했다.

나는 책을 읽거나 번역한 게 아니라 그와 야트막한 동산에 올라 그의 인생을 되짚어 얘기하며 산책을 하고 난 기분이었다.

요즘 기성세대들은 젊은이들이 꿈도 패기도 없이 단지 '취업'을 위해 스펙만 쌓는다며 탄식하곤 한다. 하지만 점점 치열해지는 경쟁 속에서 과연 어떤 일을 해야 하는지, 무엇을 위해 살아야 하는지 방향조차 가늠하지 못하는 젊은이들이 얼마나 많은가. 그는 바로 그런 젊은이들에게 필요한 조언이 무엇일지를 잘 알고 있다.

그는 이 책을 통해 일과 인생의 선배로서 그리고 기업과 사회의 리더로서 젊은이들에게 미래를 생각해볼 계기를 만들어준다. 또한 매일 눈뜨기가 무섭게 일터로 달려가고 하루 종일 격무에 시달리다 녹초가 되어 집으로 돌아오는 이 시대 직장인들에게 한번쯤은 자신을 되돌아보며 일하는 의미와 앞으로의 인생에 대해 질문할 시간을 마련해준다.

이제 인생의 전환점에 선 중년에게도 그는 인생의 후반기를 맞이하는 마음가짐과 나아가야 할 방향을 안내해준다. 큰든 작든 자신이 속한 조직에서 선배로, 상사로 그리고 경영자로 살아가고 있는 중년의 독자들은 이 책의 인물에 자신을 오버랩해볼 수 있을 것 같다. 부하 직원에게 자신은 어떤 상사인지, 앞으로 어떤 상사가 되어야 할지 새로운 이정표를 찾을 수 있지 않을까.

정신없이 사느라 자칫 잊기 쉬운 '인간성'에 대한 그의 진정한 호소 역시 우리에게 깊은 울림을 준다. 지극히 평범한 사람인 그가 젊음을 직장에 바친 이야기, 그리고 기업의 리더로 살며 패기와 열정을 다해 일한 이야기, 어느 하나 진심이 담겨 있지 않은 게 없다. 그의 이야기에는 무릎을 치며 공감하게 되는 상황, 가슴에 콕 박히는 보석 같은 조언들이 있으며, 알면서도 어쩌지 못하는 안타까운 우리의 현실에 대한 성찰도 있다.

이 책을 번역하는 동안 나는 매일 니와 우이치로 회장, 그의 얼굴을 보았다. 일부러 찾아본 건 아니었다. 원서에 제법 큰 사진이 실려 있어서 일을 할 때마다 그와 얼굴을 마주했다.
사진 속의 그는 검소한 양복에 수수한 넥타이를 매고 자연스러운 주름과 검버섯이 자리 잡은 편안한 얼굴로 옅은 미소를 띠고 있다. 처음 만난 날은 낯설고 서먹했지만(죄송합니다, 회장님. 실은 처음 뵈었어요), 한 달 넘게 매일 만나면서 어느새 정이 듬뿍 들었고 가슴에는 존경하는 마음이 가만히 피어올랐다. 이웃집 할아버지 같은 평범하고 인자한 모습 어디에 이토록 강인한 뚝심과 냉철한 리더십이 숨어 있단 말인가.
그의 올곧은 신념 속에 깊이 자리한 인간애와 직원과 부하를 위하고 아끼는 마음이, 어린 날 함께한 나의 할아버지 같기도 하고 이웃집 아저씨 같기도 했다.

번역을 마치고 원고를 떠나보내던 날은 마감이라는 현실적인 감각만 살아 있어서인지 담담했다. 그런데 출간을 앞두고 마지막으로 역자교정을 하자니 감회가 새롭고, 글을 읽을수록 진한 감동이 밀려든다. 그리고 번역가로서의 감상 후기를 몇 자 쓰다가 다시 표지에 눈길이 간다. 긴 세월의 모든 상념을 담은 듯한 그의 미소를 보며 나도 모르게 가슴이 뭉클해지면서 눈물이 비어져 나온다. 이제 우리의 산책을 마칠 시간이 되어서일까.

내가 대학을 졸업하고 직장생활을 시작했을 무렵이나 30대 초반에 이직과 인생에 대해 고민을 할 때 따뜻하고 날카로운 조언과 함께 등불처럼 앞날을 밝혀주는 이런 책을 만났더라면, 내 삶도 조금쯤 달라졌을지 모른다.
이번 기회에 이 책을 통한 인연으로 니와 우이치로 회장을 알게 된 데다, 그분이 전하는 인생의 보석 같은 말씀을 독자 여러분에게 전할 수 있어서 기쁘다. 이 행운에 감사드린다.

내 마음에 등불이 하나 더 켜졌다.

2019년 뜨거운 여름에
번역가 김윤경

나를 단단하게 성장시키며 일하는 법

일이 인생을 단련한다

제1판 1쇄 발행 | 2019년 7월 25일
제1판 6쇄 발행 | 2024년 1월 15일

지은이 | 니와 우이치로
옮긴이 | 김윤경
펴낸이 | 김수언
펴낸곳 | 한국경제신문 한경BP
책임편집 | 윤효진
교정교열 | 공순례
저작권 | 백상아
홍보 | 서은실 · 이여진 · 박도현
마케팅 | 김규형 · 정우연
디자인 | 권석중
본문디자인 | 디자인 현

주소 | 서울특별시 중구 청파로 463
기획출판팀 | 02-3604-590, 584
영업마케팅팀 | 02-3604-595, 583   FAX | 02-3604-599
H | http://bp.hankyung.com   E | bp@hankyung.com
F | www.facebook.com/hankyungbp
등록 | 제 2-315(1967. 5. 15)

ISBN 978-89-475-4500-6   03320